LE CŒUR ENGAGÉ

Photographies © Paola Locatelli sauf :
couverture : © Jules Ryma
pages 6, 16-19, 52-55, 70-73, 90-93, 130-133, 172-175 : © Lola Mansell
page 36 : © Didier Goupy
page 44 : © Maxime Chermat
page 112 : © Hadrien Brunner
page 118 : © Anne-Charlotte Arnoult
page 136 : © association Aïda
page 154 : © Marine Kerbidi
page 166 : © Félicia Sisco

Paola Locatelli

LE CŒUR ENGAGÉ

ÊTRE JEUNE ET CONTRIBUER À UN MONDE MEILLEUR

MARABOUT

À ma mamie Monique et à mon cher ami Nathan,
qui me protègent de là-haut. Je vous aime.

Sommaire

Introduction

Je m'appelle Paola, j'ai 20 ans et je suis créatrice de contenu sur les réseaux sociaux depuis mes 11 ans. Je suis aussi comédienne : j'ai tourné dans des films, des séries, je joue tout le temps, même quand la caméra n'est pas là. Je crois que c'est mon truc.

J'ai la chance immense d'adorer ce que je fais. Je suis reconnaissante de pouvoir travailler avec des gens que j'aime, avec une équipe bienveillante grâce à laquelle je peux imaginer et construire des projets qui m'animent. Je me sens aussi connectée à toutes les personnes qui me suivent sur les réseaux sociaux. Même si on ne se connaît pas, c'est un peu comme si on s'était choisis.

Bien sûr, je me pose souvent des questions sur ce que je fais. Est-ce qu'être créatrice de contenu, c'est trop superficiel ? Est-ce que je complexe certaines femmes ? Est-ce que je suis prétentieuse ? Est-ce que je dévalorise notre génération ? Est-ce que je suis utile ? La réponse dépend de la perception des gens.

Je parle sur les réseaux sociaux de toutes mes passions – la mode, la beauté, les voyages, le cinéma… – mais, depuis mes premières vidéos, je cherche aussi à transmettre des messages qui sont importants pour moi. Quand on a beaucoup de visibilité, il faut l'utiliser à bon escient, parler de sujets de société, donner la parole à des associations, défendre des causes qui nous touchent.

Depuis que j'ai 14 ans, je suis bénévole pour l'association Aïda, qui soutient et accompagne les adolescents et les jeunes adultes touchés par un cancer. Quand j'en ai parlé pour la première fois sur Instagram, c'était pendant le Covid et on manquait cruellement de bénévoles et de fonds pour une mission. Grâce à une story, on est passés de 200 à 800 bénévoles. C'est là que j'ai vraiment pris conscience de la nécessité de parler davantage d'engagement, des choses qui comptent, car je peux avoir un vrai impact et donner à d'autres la possibilité d'agir à leur tour.

Je n'ai pas l'ambition d'éradiquer la faim dans le monde et de mettre fin aux guerres, je ne suis pas une militante de premier rang, mais je peux agir à mon échelle ! C'est pour ça que j'ai écrit ce livre.

Comment est née mon envie d'aider

Je suis persuadée que l'engagement n'a pas d'âge. On a tous quelque chose à offrir, quels que soient son vécu et son expérience de vie !

Depuis que je suis toute petite, j'ai envie de me sentir utile. J'ai grandi dans une famille où le don – de temps, d'argent, de soi – était quelque chose de naturel.

J'ai eu une magnifique enfance : j'ai reçu beaucoup d'amour, toujours entourée de bienveillance. Je n'étais pas la plus riche de l'école, loin de là, mais je n'ai manqué de rien. J'ai aussi eu la chance d'être issue d'un métissage : mon père d'origine italienne, qui m'a toujours encouragée à m'informer sur les injustices et a éveillé ma conscience sociale, et ma mère d'origine capverdienne, qui m'a transmis les valeurs de partage et d'engagement de son pays.

Ma mère est la preuve vivante qu'on peut être engagé sans cadre officiel, sans être dans une association. Par exemple, elle connait les endroits où se trouvent des personnes dans le besoin à Paris, leur parle beaucoup et les aide comme elle le peut. Elle me dit toujours : « Souris. Quand tu croises un sans-abri, souris-lui. Un sourire ne coûte rien, mais fait du bien à la personne qui le reçoit. Elle se sent exister et respectée. Elle se sent humaine. »

Elle nous a appris, à ma sœur et à moi, à donner aux autres : offrir un sourire, une oreille attentive, du temps, une bouteille d'eau à quelqu'un dans la rue quand il fait chaud, un pull quand il fait froid… Si un vêtement ne nous allait plus, on le mettait dans un carton d'affaires qui partait par bateau vers le Cap-Vert, pour être distribué dans des écoles et des villages.

Quand je suis allée pour la première fois au Cap-Vert, en octobre 2014, ma petite réalité et ma perception de la vie ont changé, ont évolué. J'avais 10 ans. Ma famille avait hérité d'une maison à Santo Antão, une île méconnue et pourtant sublime. Cette île, je l'appelais Koh Lanta. Pas seulement parce que j'ai failli y mourir plusieurs fois à force de marcher le long d'immenses falaises sans sécurité, mais parce que tout était vert. Les arbres et les plantes bien sûr, les bananiers, mais aussi les falaises, les cascades, les serpents, les grenouilles… même les pick-up étaient verts.

La maison est au milieu de nulle part. La première fois que j'y ai mis les pieds, j'avais déjà un téléphone et j'étais accro à YouTube et à Un panda moqueur. « Comment est-ce que je vais charger mon téléphone ? » « Popo, on ira à Place Casanova, il y a un peu de wifi et tu pourras trouver des prises. » « Et quand ? » « Dans la semaine. » J'ai râlé, je crois même que j'ai pleuré, beaucoup pleuré.

Alors, je n'avais pas d'autre choix que d'observer, de découvrir, d'analyser tout ce qui se passait autour de moi. C'est ce que j'ai fait. Avec mon regard insouciant, j'ai vu un peuple heureux et généreux, riche de sa curiosité, de son amour et de sa tendresse. J'ai aussi vu les difficultés d'accès à l'éducation, à la santé et à la culture, et j'ai compris que mon confort était un privilège.

Je n'avais que 10 ans, alors je ne me suis pas dit : « Engage-toi ! » Je ne connaissais sûrement pas ce terme d'ailleurs, mais j'avais ce besoin de me sentir utile, d'aider les autres.

De retour en France, cet engagement a commencé avec Bernard, un sans-abri. Je passais devant lui tous les matins en allant à l'école, il était devant l'épicerie. Avant, je voyais ma mère lui donner de l'argent, et je trouvais normal que ce soit aux adultes d'agir. Je ne réfléchissais pas vraiment à qui était Bernard, à ce qu'il faisait dans la rue. J'ai un peu l'impression qu'on nous pousse à nous tenir à distance des personnes sans-abri plutôt qu'à avoir de l'empathie, de la compassion.

C'est seulement après mon voyage au Cap-Vert et ce que je pourrais appeler ma « prise de conscience » que j'ai commencé à échanger avec lui et à avoir, sincèrement, envie de l'aider. Je lui achetais de l'eau, je lui donnais de petites pièces. Désolée, Bernard, je n'avais pas plus.

Puis j'ai grandi, j'ai observé avec impuissance la misère dans notre pays et dans le monde. Les collégiens harcelés, les personnes mises à l'écart pour leur handicap. Les quartiers abandonnés, le racisme. L'ignorance et la malveillance de certains. Les guerres. Toutes ces choses qui nous dépassent, mais contre lesquelles on peut lutter. C'est ce que j'essaie de faire en m'engageant.

Qu'est-ce que l'engagement ?

C'est un peu comme si le mot « engagement » voulait tout et rien dire. En même temps, il peut faire peur, car il porte une connotation qui met la pression. Pourtant, si on regarde bien, on est constamment engagé, sans s'en rendre compte. On s'engage à être là pour ses proches quand ça va, et aussi quand ça va moins bien. Si on signe un contrat de travail, on s'engage à accomplir certaines tâches tous les jours. Quand on devient parent, on s'engage à être responsable de son enfant. Imagine si personne ne respectait ses engagements ! Si tout le monde faisait comme bon lui semble, on vivrait dans un monde anarchique.

L'engagement est un mot auquel on peut donner beaucoup de sens différents. Selon son histoire et ses valeurs, chacun a sa propre vision de l'engagement. Sur Instagram, j'ai posé la question : « Pour vous, c'est quoi, l'engagement ? » Voici quelques-unes des réponses que j'ai reçues :

« S'engager, c'est s'ouvrir au monde et aux autres. »

« L'engagement, c'est le fait de prendre une initiative personnelle pour défendre une cause. »

« Tenir sa parole et porter fièrement ses positions. »

« C'est croire en ses idées, s'investir à fond dans son projet et, surtout, savoir le défendre. »

« C'est agir pour faire évoluer la société et l'égalité de tous. »

« Le don, qu'il soit au niveau du temps, de l'argent ou même de l'amour. »

« Faire un grand pas dans la vie d'adulte. »

« Un engagement, c'est entreprendre, réaliser et aboutir. »

« Une façon de répondre à la peur d'être seul. »

« C'est s'informer sur une cause, en parler, débattre, faire des marches, des actions... »

« Être la voix de ceux qui n'en ont pas. »

« Apporter de l'aide et du soutien par n'importe quelle action. »

Pour moi, l'engagement, c'est aider son prochain, que ce soit son frère, sa mère, une voisine, un sans-abri, un enfant malade... C'est donner de son savoir, de son temps, de sa personne, de son amour à n'importe qui.

L'engagement, ce n'est pas seulement être bénévole ou faire une bonne action, c'est aussi s'engager envers soi-même, combattre ses peurs, sortir de sa zone de confort pour aller vers des horizons différents.

L'engagement vient de toi, de ton cœur. C'est un processus personnel et intime.

Ma vision de l'engagement est en partie héritée de mes parents, mais je l'ai aussi construite et enrichie grâce à mon expérience en tant que bénévole pour Aïda, qui me permet de rencontrer des jeunes incroyables, apporte du sens à mon quotidien et me fait évoluer tous les jours.

Tous (déjà) engagés !

Je sais que nous sommes très nombreux, nous, les jeunes, à vouloir nous engager. Chaque fois que je partage des informations sur Aïda, sur des collectes ou sur les voyages solidaires, je reçois des dizaines et des dizaines de questions.

Beaucoup de personnes ont l'envie profonde d'aider les autres, de prendre la parole et d'agir pour des causes qui comptent, mais ne savent pas comment faire ou par où commencer. C'est vrai qu'on ne nous apprend pas à le faire à l'école, et nous sommes freinés par des idées reçues, des discours entendus autour de nous…

Lorsque j'ai demandé sur Instagram ce qui pouvait freiner l'engagement, les deux réponses qui ont été les plus données étaient :

Je n'ai pas d'argent.

Je n'ai pas le temps.

Ce qui est motivant, c'est qu'il existe mille et une façons de s'engager sans argent et avec peu de temps. Si j'ai écrit ce livre, c'est pour te donner des pistes concrètes et l'envie de passer à l'action. Grâce à ma propre expérience et aux témoignages de personnes incroyables, je vais t'expliquer du mieux que je peux comment t'engager de plein de façons différentes : dans ta vie quotidienne, en association, à l'étranger…

Sans nous en rendre compte, nous sommes tous déjà engagés : envers nous-même, envers nos proches, envers les causes qui nous importent et que nous défendons lors de discussions entre amis ou en famille. À partir du moment où tes paroles et tes actions sont alignées avec tes valeurs et tes convictions profondes, tu es engagé·e. Avec ce livre, je te montre juste comment faire passer cet engagement à une autre échelle, si tu en as envie.

Il n'y a pas de petits engagements, il n'y a pas de petites causes. Toute action que tu feras à partir d'aujourd'hui de manière consciente pour apporter quelque chose aux autres et à toi-même te fera grandir.

Ce qu'on fait dans une association, en mission solidaire ou auprès d'un proche, c'est parfois simplement offrir un sourire, un bon moment de vingt secondes. Et ces vingt secondes, on en ressent les effets pour vingt jours. En t'engageant pour une cause, tu peux changer la vie d'autres personnes, et ça va aussi profondément te changer.

L'engagement m'a transformée et me transforme quotidiennement. Je te souhaite de vivre la même chose !

Paola

PARTIE 1

S'engager envers soi-même pour prendre confiance et s'épanouir

C'est en s'engageant envers soi-même qu'on peut réussir à s'engager envers le monde.

Vois ça comme une fondation sur laquelle construire des actions qui comptent vraiment pour toi. Ça commence par là, selon moi : il ne faut pas brûler les étapes. Quand on veut porter une cause ou s'engager dans une association par exemple, il faut que cet engagement soit sain. Or être bien dans sa peau et être sincère envers soi-même est la base de beaucoup de choses.

Quand on se sent bien, on évite les faux engagements, les actions qu'on entreprend juste pour remplir un vide, pour satisfaire les attentes de quelqu'un d'autre ou en réponse à une pression extérieure. On ne s'engage pas seulement pour donner l'impression d'être « une bonne personne », parce qu'un ami ou une créatrice de contenu en a parlé, mais parce qu'il s'agit d'une action qui résonne pleinement avec ses convictions.

Et c'est valable aussi dans sa vie privée : on ne choisit pas des études, un métier, un hobby, un partenaire parce que ça fait plaisir à ses parents ou aux attentes de la société, mais parce que c'est ce qui nous rend sincèrement, profondément heureux ! (Ça, c'est dans l'idéal bien sûr, je reparlerai plus loin des contraintes familiales notamment.)

Pour moi, l'engagement envers soi-même signifie finalement prendre la responsabilité de sa propre vie et agir de manière cohérente avec ses besoins et ses aspirations.

Réaliser des projets pour soi, pas pour les autres

S'engager envers soi-même, c'est un peu comme signer un pacte avec la personne qu'on aimerait être. Cette personne n'est pas forcément celle que tes parents veulent avoir pour enfant ou que ton copain ou ta copine imagine. Tes résolutions ne doivent pas être dictées par des attentes extérieures.

Je suis jeune, mais ça fait déjà plusieurs années que je travaille et il y a eu des moments où j'ai fait des choses qui n'étaient pas totalement alignées avec qui j'étais. Dans ma vie professionnelle, je suis entourée de gens qui peuvent me pousser à faire telle ou telle chose, sans jamais penser à mal, juste parce que ce sont des opportunités qui se présentent. Aujourd'hui, j'essaie de prendre le temps de me poser et de me dire : « Est-ce que j'ai vraiment envie de faire ça ? Est-ce que c'est cohérent avec qui je suis, avec mes valeurs ? »

Par exemple, on m'avait plusieurs fois proposé d'écrire, mais je ne voulais pas écrire un livre sur la mode ou la beauté qui n'apporterait pas grand-chose à ceux qui le liraient. En revanche, un livre sur l'engagement, c'est différent, car l'engagement fait partie de mon quotidien depuis que je suis enfant. J'ai toujours ressenti le besoin d'aider et de me sentir utile, j'ai grandi avec les valeurs de partage et de solidarité. J'agis pour les causes qui me tiennent à cœur depuis des années, mais je sentais que je pouvais faire plus. Alors un livre était un moyen d'atteindre cet objectif : aider d'autres personnes à s'engager à partir de mon expérience et de celle de militants et bénévoles.

« Il n'y a que celui qui ne fait rien qui ne se trompe jamais. »

Tu as peut-être l'impression de vivre par procuration et de faire des choses pour plaire à ta famille ou à tes amis. Évidemment, c'est plus ou moins facile selon l'environnement dans lequel on vit. Personnellement, j'ai des parents hyper ouverts d'esprit qui m'ont toujours laissée faire ce que j'avais envie, notamment sur les réseaux sociaux. Certaines de mes amies, au contraire, n'ont pas encore pu réaliser leurs rêves : par exemple, elles aimeraient devenir artistes, mais leurs parents veulent qu'elles fassent médecine.

Je n'ai pas pu trouver pour elles de solution magique, mais, si tu es dans la même situation qu'elles, il faut au moins ouvrir la discussion. Et, même si ça ne marche pas, le plus important est de continuer à faire ce qui te plaît en parallèle des études/de ton travail, pour trouver un équilibre entre tes obligations et tes envies profondes.

Est-ce qu'il y a un projet que tu veux réaliser, là, maintenant ? Est-ce que c'est de réussir ton année d'étude, de trouver un boulot dans le domaine de tes rêves, de monter un spectacle, d'organiser un voyage, de t'engager dans une association ?

Réfléchis à toutes les raisons qui te motivent : ça peut être en rapport avec tes valeurs, tes passions, tes besoins matériels, ça peut aussi être pour apporter quelque chose au monde, du bonheur à des personnes qui en ont besoin… Tu sauras vite si tu es engagé·e envers toi-même ou non.

Les choses n'arrivent jamais par accident. Elles se produisent parce que vous avez une vision. Vous avez un engagement. Vous avez un rêve.

Oscar de la Renta

Si ce projet est aligné avec tes aspirations profondes, fais-toi la promesse de le réaliser, même si ce n'est pas immédiatement faisable, ou au moins en partie.

Fais de ton mieux

Cette phrase est tirée du livre *Les Quatre Accords toltèques*[1], qui m'a beaucoup marquée. C'est un des ouvrages les plus lus au monde, qui présente des règles de vie basées sur la culture toltèque (un peuple d'Amérique centrale antérieur aux Aztèques). L'une de ces règles est cette recommandation toute simple : « Faire de son mieux ».

Faire de son mieux, c'est respecter autant que possible ses engagements, sa parole, sans se torturer pour autant. Il faut trouver le juste équilibre entre « se faire violence » et « savoir s'écouter » : on a tous la flemme de faire certaines choses, mais tant qu'on est en forme physiquement et mentalement, la flemme n'est pas une excuse. En revanche, si on a le moral à zéro ou un besoin urgent de se reposer, ou si les contraintes extérieures nous empêchent d'agir, zéro culpabilité.

Chacun a sa définition de ce qu'est « le mieux » : pour certaines personnes, ce sera faire le *halftime* du Super Bowl, pour d'autres, ce sera juste survivre à la journée suivante. Faire de son mieux, c'est surtout avoir la volonté d'aller au bout des choses, être prêt à tomber et avoir le courage de se relever.

Aucun projet ambitieux n'est facile à mettre en place, sinon tout le monde le ferait. Et le chemin pour atteindre ton but ne sera jamais une ligne droite sans obstacle. Chaque détour, chaque ligne droite doit devenir un enrichissement de plus.

---

1. Don Miguel Ruiz, 1997.

Devenir légitime

Depuis que je suis toute petite, j'ai pour rêve de devenir actrice. En 2022, quand j'ai obtenu le premier rôle dans *Les Liaisons dangereuses*, je me suis demandé si j'avais été prise parce que je jouais bien ou parce que je suis suivie sur Instagram. Je n'aurai jamais la réponse à cette question et, sincèrement, peu importe. C'est grâce à ma volonté et à mes actions que j'avais obtenu cette opportunité.

Je devais prouver que je la méritais, mais je ne me sentais pas du tout légitime par rapport à tous les autres comédiens qui jouaient avec moi. Ils avaient été formés dans des écoles de théâtre, avaient plus d'expérience, étaient plus âgés. Alors, je n'avais qu'une idée en tête : je devais me surpasser. J'ai travaillé beaucoup plus, j'ai répété sans arrêt.

Pendant le tournage, j'ai plusieurs fois eu envie d'abandonner. Je me disais que j'étais nulle, que je n'avais rien à faire là. Il y a eu des moments vraiment compliqués, mais je me suis motivée, je me suis accrochée et j'ai cherché à me surpasser. Je me disais surtout que j'avais la chance de réaliser un de mes rêves et que je n'avais pas le droit d'abandonner.

Persévérer revenait finalement à respecter un engagement envers moi-même : envers la petite Paola de 7 ans qui rêvait d'être actrice, et envers la Paola de 17 ans qui vivait une opportunité exceptionnelle. Je pouvais enfin montrer une de mes passions, réaliser un de mes rêves. Jouer me fait vibrer : je me sens totalement à ma place et je ne me verrais pas faire autre chose.

Oser être soi

J'en suis consciente, c'est facile d'écrire des phrases comme « Réalise tes rêves » quand on sait que tant de personnes ont des peurs, des complexes, des difficultés dues au fait qu'elles se sentent différentes. On peut se sentir différent parce qu'on a une particularité physique, un handicap, une maladie, une autre origine sociale ou culturelle que celle dominante dans son pays, une autre sexualité… Pour moi, assumer pleinement qui on est et ses différences est une autre facette de l'engagement envers soi-même.

Mes cheveux bouclés

J'ai grandi à Vincennes, dans un beau quartier. Dans mon école primaire, nous étions une très petite minorité d'enfants avec des cheveux texturés. Je me sentais différente à cause de mes cheveux qui n'étaient pas « normaux » par rapport aux autres filles de ma classe. Alors je les cachais en les attachant en chignon ou en tresse.

Je n'étais pas complètement moi-même, je camouflais une partie de mon identité que je n'assumais pas. Je ne supportais pas de me regarder les cheveux lâchés, ça m'énervait quand ils se mettaient à gonfler après la douche. Ma sœur se lissait les cheveux tous les jours, ma mère mettait des perruques. Je n'avais pas de modèle de personne assumant ses cheveux texturés à la maison. Je pense que c'est la société qui veut ça : quand tu as les cheveux lissés, bien plaqués, c'est plus simple d'être « acceptée », de trouver du travail, de ne pas se prendre de remarque. Des cheveux lissés sont aussi plus simples à entretenir que des cheveux texturés. Ma mère n'avait sans doute pas le temps de s'occuper de ses cheveux entre le travail et ses deux filles ! Peut-être même qu'elle ne savait pas comment s'y prendre. Ce sont des choses qui s'apprennent. Même les stars, comme Beyoncé, se lissaient les cheveux.

Un jour, en CM1, ma mère m'a fait un soin qui m'a fait de super belles boucles. Elle et ma meilleure amie Sirine m'ont encouragée à laisser mes cheveux détachés, parce que ça m'allait bien et que ça changeait. Je suis partie pour la première fois à l'école avec mes cheveux au naturel. Je me rappelle très bien la scène de mon arrivée : j'étais sous le préau, et un garçon dont j'étais un peu amoureuse s'est approché. Il m'a dit : « Oh mais c'est marrant tes cheveux là, on dirait un caniche ! »

Sa remarque m'a blessée. Je pense qu'il disait ça pour rire et ses mots ne voulaient pas dire qu'il ne trouvait pas mes boucles jolies, mais c'était tellement différent de ma coupe habituelle et des autres filles qu'il me regardait comme un ovni.

Cependant, ce jour-là, j'ai commencé à assumer une partie de moi ou, du moins, j'ai arrêté de détester mes cheveux. Ça a été la première étape de l'acceptation. Puis ça s'est fait petit à petit, grâce à YouTube notamment : je regardais des vidéos de Shera Kerienski qui assumait et parlait de ses cheveux bouclés, et je découvrais de plus en plus de filles aux cheveux texturés qui racontaient le même rapport à leurs cheveux, le même besoin de les cacher pendant des années. Ma sœur et moi avons commencé à les lâcher. Aujourd'hui, mes cheveux font partie de mon identité et je suis heureuse de voir que les jeunes filles ont beaucoup plus de modèles de femmes aux cheveux texturés, qu'ils soient bouclés ou crépus. Je remercie Internet pour ça !

On parle beaucoup de représentation aujourd'hui. Se voir représenté par des gens qui nous ressemblent, que ce soit sur les réseaux sociaux, à la télévision ou dans les pubs, joue un vrai rôle dans l'acceptation de soi. Pouvoir s'identifier à un ou plusieurs modèles, que l'on connaît personnellement ou que l'on suit sur les réseaux sociaux, peut énormément aider à assumer qui on est.

« Être noir, contrairement à ce que l'on imagine, ça n'est pas une question de peau, c'est une question de regard, de ressenti. »

Tania de Montaigne

Pour accepter et porter fièrement une différence, on peut aussi aller vers des gens qui ont le même vécu, par chercher une association ou un groupe de parole, échanger sur les réseaux sociaux autour du quotidien…

Enfin, si on s'en sent capable, on peut devenir soi-même le porte-parole de cette différence. Dis-toi toujours que si tu vis quelque chose, il y a au moins une personne sur Terre qui vit et ressent plus ou moins la même chose.

Personnellement, je me suis reconnue dans le témoignage de Tania de Montaigne, autrice, journaliste et militante, qui a raconté dans son livre *L'Assignation : les Noirs n'existent pas*[2] sa quête d'identité en tant qu'enfant métisse confrontée au racisme. J'ai eu la chance de participer à son documentaire *Sale race* pour interroger ce mot de « race », les stéréotypes, les préjugés, mais aussi dénoncer d'autres injustices comme celles infligées aux femmes.

Extrait de ma participation à *Sale race*

2. Grasset, 2018.

Tout ce travail d'affirmation de soi, de son physique, mais aussi de ses opinions et de sa personnalité, c'est quelque chose qui prend du temps. Quand on se conforme depuis son enfance ou son adolescence à des idéaux externes, quand on s'autocensure à cause du jugement des autres, quand on a caché pendant des années son corps ou ses origines, ce n'est pas facile de les mettre sur le devant de la scène. C'est pour ça qu'avoir des modèles pour t'aider à t'affirmer et un entourage solide peut te faire avancer plus vite.

Se respecter

S'engager envers soi-même, c'est aussi s'accorder le respect que l'on mérite : reconnaître sa valeur et sa capacité à prendre en charge sa propre vie, écouter ses besoins… En se respectant soi-même, on montre aux autres comment on veut être traité.

Si on n'établit pas des limites saines dans ses relations (familiales, amoureuses, amicales…), si on ne refuse pas les comportements blessants ou dévalorisants, on met en péril son bien-être physique, mental et émotionnel.

J'ai vécu une relation qui m'a fait beaucoup de mal, à l'adolescence. Je sais que je ne suis pas la seule à avoir persisté dans une relation qui me faisait souffrir parce que j'avais l'impression d'avoir besoin de l'amour de l'autre pour me sentir bien.

Comment une relation peut devenir violente

J'étais très jeune quand j'ai rencontré mon premier copain. Il était un peu plus âgé que moi et avait déjà été en couple, donc le contexte faisait que nous avons eu dès le départ une relation déséquilibrée. Il m'impressionnait beaucoup, j'étais fière qu'il s'intéresse à moi. Je suis très vite tombée amoureuse.

Notre relation a duré trois ans et on est passés par toutes les embrouilles possibles et imaginables. On était jeunes, on se cherchait, l'adolescence est une période de la vie où on aime les relations « piquantes », les disputes, les prises de tête. Plus tard, on se rend compte qu'il n'y a rien de mieux qu'une relation saine, paisible et bienveillante, mais, à l'époque, j'aimais cette relation tumultueuse. Un jour on s'aime, l'autre on se déteste. On alternait entre crises et moments complices. Avec moi, il jouait le mec dur, avec beaucoup d'ego et de fierté, et peu de compliments (parce que, sinon, c'est la honte…).

Ce garçon me trompait régulièrement et je ne le quittais pas, parce que je l'aimais plus que ma propre personne et ma propre dignité. Je le croyais – ou je me voilais la face – quand il me disait à chaque infidélité : « C'était la dernière fois. » Quand il rabaissait les filles avec qui il me trompait pour me valoriser, ça me faisait rester. Je pensais que, sans lui, ce n'était pas possible. Il me faisait croire que j'étais indispensable à sa vie, et qu'il était indispensable à la mienne. Je l'aimais tellement que je m'oubliais, je le faisais passer avant moi, ce qui me faisait prendre de très mauvaises décisions. Ce n'est pas ça, l'amour.

Les choses ont commencé à dégénérer quand j'ai grandi. J'avais plus de responsabilités via mon travail et Instagram, j'étais plus libre. Quand il m'a rencontrée, je ne m'affirmais pas, mais j'ai grandi sous ses yeux, je suis devenue une femme, j'ai pris confiance en moi. Je pense, avec du recul, qu'il n'a pas su gérer cette évolution parce qu'il n'avait plus complètement le contrôle sur moi. C'était une relation d'emprise, mais, peu à peu, je devenais plus indépendante, je m'amusais sans lui, je découvrais ce que c'était de faire la fête, de se faire draguer aussi.

Alors, on s'est disputés une fois de plus, et là, il m'a frappée. On pense que la violence conjugale n'arrive que dans les faits divers, qu'à des femmes plus âgées qu'on ne rencontrera jamais. Or, là, ça faisait brusquement irruption dans ma vie d'adolescente. Il s'est excusé, m'a dit qu'il avait fait ça parce qu'il était blessé, qu'il regrettait, qu'il m'aimait. Je ne l'ai pas quitté.

La relation a continué, et alternait entre des moments de complicité, comme avant, et des disputes affreuses qui se terminaient parfois par des coups. On se pose toujours la question « Pourquoi elles ne partent pas ? » quand des femmes sont victimes de violences conjugales. Il y a parfois des questions de sécurité financière (et de sécurité tout court), mais ce n'était pas mon cas ici. J'avais en revanche tendance à diminuer ce qu'il se passait, car j'étais terrifiée à l'idée de me retrouver seule : il me disait souvent que je n'étais rien sans lui, que je n'aurais plus de vie, que je ne serais plus une femme.

Mes amies me disaient de le quitter depuis longtemps à cause des tromperies, mais je ne leur avais pas raconté les violences physiques. Je n'en parlais pas non plus à ma famille, je craignais leur déception, leur jugement, alors que j'étais la seule à me juger. Je savais aussi que, si je leur en parlais, je ne pourrais plus rester avec lui. Mes proches auraient pris des mesures pour que je ne le voie plus, et je n'étais pas prête à ça.

Un jour, il y a eu une dispute plus violente que les autres. Je me suis sentie mourir ce jour-là, je voyais ma vie défiler à toute vitesse alors que je prenais des coups sur mon canapé. Je hurlais, mais personne ne venait. J'étais seule face à mon agresseur qui était pourtant celui que j'aimais le plus dans ma vie. Je me suis sentie humiliée, déshumanisée, nue, sans armes, sans rien. Seule face à moi-même. Moi non plus, je ne me reconnaissais plus dans cette relation. Je me détestais, je pouvais être violente et méchante, parce que j'avais trop de rancœur, trop de mal-être. J'étais détruite, mais je ne le savais pas encore.

C'est cette dispute qui m'a poussée à me confier à ma sœur, puis à mon père, qui m'a interdit de le revoir. Je ne pouvais pas trahir ma parole envers lui, ça aurait été lui manquer de respect en plus de tout le manque de respect que je m'infligeais à moi-même depuis si longtemps. J'avais toléré trop longtemps cette relation destructrice.

C'est compliqué de faire comprendre à ce genre de personne que c'est fini, mon entourage a dû aller lui parler. Pendant plusieurs mois, j'ai été parano, j'avais peur de la foule, peur des gens. Il a fallu beaucoup de temps pour que j'aille mieux.

Les violences conjugales ne concernent pas que les adultes, loin de là. Moi, j'avais 16 ans.

On peut se demander comment on peut en arriver là. J'étais jeune, c'était ma première relation, je ne savais pas vraiment ce qu'était l'amour, comment aimer et comment l'autre doit aimer. Des personnes moins jeunes peuvent aussi se retrouver dans ce genre de relation, car l'emprise se fait petit à petit.

Je pense que ce qui m'a sauvée, au-delà de mes proches, c'est mon travail, l'émancipation que ça m'a apportée. Ça m'a permis de devenir plus indépendante et de rencontrer d'autres personnes qui m'ont fait comprendre que l'amour, ce n'était pas ce que je vivais. Depuis, j'ai vécu une relation beaucoup plus saine où nous nous respections et nous soutenions l'un l'autre.

« L'amour sans respect n'est pas l'amour. »

Agnès Ledig

L'amour est censé embellir ta vie, pas la rendre plus compliquée. Tu dois t'aimer avant de pouvoir aimer, sinon tu te perds. Être en couple ne doit pas être une condition nécessaire à ton bonheur.

Ma première relation ne m'a pas seulement blessée moralement et physiquement, elle a eu un impact sur plein d'autres aspects de ma vie : sur l'école, sur mon travail, sur ma relation avec les autres. Toute ma vie tournait autour de lui donc, quand ça allait mal entre nous, ça allait mal partout dans ma vie. Maintenant que nos chemins se sont séparés, je n'ai plus de haine envers cette personne. J'ai grandi et j'ai appris à m'aimer.

S'engager envers soi-même, c'est se respecter en ne tolérant pas que quelqu'un nous traite aussi mal. C'est ne pas accepter le rabaissement, le dénigrement sous prétexte qu'à d'autres moments la personne est drôle et tendre.

Attention : il n'y a aucune culpabilisation là-dedans, bien au contraire. Ce n'est pas moi qui suis restée trois ans dans une relation toxique qui vais donner des leçons de morale. Je trouve terrible que, dans ce type de relations, c'est la victime qui se sent mal et culpabilise. La honte doit changer de camp.

Je ne laisserai plus personne me traiter comme il l'a fait, car aujourd'hui, je m'aime et me respecte trop pour cela. Engageons-nous envers nous-même à poser nos limites et à nous préserver : nous le méritons.

Prendre soin de sa santé mentale

Dans les médias, sur les réseaux sociaux et même entre nous, on parle de plus en plus de santé mentale, mais ça reste encore un sujet qui est difficile à aborder pour certaines personnes, et pas toujours évident à définir.

La santé mentale est tout aussi importante que la santé physique. C'est un état d'équilibre psychique qui évolue tout au long de la vie : on doit y prêter attention en s'écoutant, en essayant de comprendre certains signaux que notre corps nous envoie, en se confiant quand ça ne va pas…

La santé mentale, c'est (et ça doit être) pour tout le monde. C'est un fondement de l'engagement envers soi-même et ce n'est pas réservé aux personnes qui souffrent d'une maladie mentale. On a déjà tous entendu des phrases comme « Il est complètement fou », « Elle, c'est une tarée, faut l'enfermer ! ». Ça renforce le cliché selon lequel seules les personnes malades doivent voir des professionnels. Or, contrairement à ce que beaucoup de gens pensent, une santé mentale dégradée n'est pas la même chose qu'une maladie mentale. On peut ne pas se sentir bien mentalement sans pour autant avoir de trouble psychique.

Quand je parle de santé mentale, je ne parle donc pas seulement de la dépression, qui nécessite l'aide de professionnels pour être soignée, mais de tous les types de mal-être. Même si ce ne sont que des coups de mou, c'est important d'exprimer ce qu'on ressent, car ce n'est pas anodin de se sentir triste. Prendre soin de sa santé mentale, c'est investir en soi-même, se donner les clés pour faire face aux défis de la vie.

Souvent, on n'ose pas se confier sur ses insécurités et ses pensées, qu'elles soient noires ou pas. On a peur de se sentir jugé et que les gens ne comprennent pas. Typiquement, l'adolescence est une période où beaucoup vivent un mal-être.

Mes amis pour passer l'adolescence

Vers 15 ans, je me souviens, ce n'était pas une période facile. En plus des disputes constantes avec mon copain, j'avais l'impression de passer du monde innocent de l'enfance à celui de l'âge adulte et de ses réalités. J'ai commencé à ressentir beaucoup de stress et d'angoisse, je faisais des insomnies. Résultat, le lendemain, je n'étais pas bien à l'école. Et c'était vraiment difficile à décrire et même à comprendre, parce que je ne savais pas trop moi-même ce qui m'arrivait.

Le matin, je me réveillais en me disant : « Ça va pas trop aujourd'hui, je suis triste. » « Je suis angoissée. » J'essayais de poser des mots sur ce que je ressentais, mais ce n'était pas facile.

Heureusement, j'ai toujours beaucoup parlé avec mes amis de comment je me sentais, de ce qu'il se passait dans ma vie. Ça me permettait de ne pas me sentir seule, car plusieurs vivaient la même chose et me donnaient des avis objectifs et des conseils quand certaines personnes ou événements m'angoissaient.

Je ne sais même pas combien de fois nous nous sommes écrits, ma meilleure amie Sirine et moi, « J'ai le cœur lourd ! » Savoir qu'on était deux à le ressentir nous a donné plus de courage pour traverser cette période qui n'est facile pour personne.

Je m'exprime beaucoup sur mes émotions parce que je n'arrive pas à les garder pour moi. Quand quelque chose ne va pas, je le sens, je suis plus énervée, plus irritable, j'ai tendance à tout exagérer et à dire que rien ne va s'arranger. Dans ces cas-là, j'ai deux solutions : soit je prends soin de moi (je prends une bonne douche, je me fais belle...) pour penser à autre chose, et ça passe, soit je me confie à mes proches. Dans ces moments-là, j'ai besoin qu'on m'écoute vraiment et qu'on ne me casse pas, même quand j'exagère. Généralement, je suis déjà consciente que ce qui m'énerve ou m'angoisse ne justifie pas une crise, mais il y a un temps pour tout. Je suis capable de relativiser après avoir pleuré un bon coup (même si, bien sûr, je travaille sur ça !).

Quand je me confie sur mes angoisses, j'essaie de faire attention aux mots que j'utilise, de ne pas dire « je suis en dépression » ou « je vais me suicider » dès que je suis saoulée par quelque chose, car ça nuit totalement à tous les efforts qui sont faits pour prendre la santé mentale au sérieux. Mettre des mots justes sur ce qu'on vit, « déprime » plutôt que « dépression » par exemple, aide à mieux comprendre ce qu'on ressent et à agir en conséquence.

L'éclairage de MARIE ROSE MORO

Marie Rose Moro est psychiatre de bébés, d'enfants et d'adolescents et psychanalyste. De formation philosophique, elle est aussi écrivaine. C'est la cheffe de file actuelle de la psychiatrie transculturelle en France et en Europe, une branche de la psychiatrie qui prend en compte toute la diversité culturelle et sociale de ses patients. Elle travaille notamment avec des enfants de migrants.

Quels sont les problèmes de santé mentale les plus courants chez les jeunes ?

Des enquêtes récentes ont mis en évidence des symptômes assez fréquents et en augmentation ces dernières années, pas seulement depuis le Covid. Les plus graves, ce sont les idées noires, la perte de l'envie de vivre. C'est à prendre très au sérieux. Ce n'est pas forcément s'imaginer mourir, mais ce sont des pensées du type « Plus rien ne me fait envie ». Selon Santé publique France, un quart des lycéens ont eu des pensées suicidaires au cours des douze derniers mois[3]. Et parmi ceux-ci, certains pourraient passer à l'acte, or c'est quelque chose qu'on a tendance à sous-estimer. On peut penser que ces idées vont lui passer, mais si un jeune dit qu'il a envie de mourir, ce devrait être considéré comme une urgence absolue. Il faut s'occuper de lui, le prendre au sérieux, ne pas le laisser seul et lui donner une nouvelle énergie.

3. Résultats de l'Enquête nationale en collèges et en lycées chez les adolescents sur la santé et les substances – EnCLASS 2022.

Il y a aussi des problèmes de santé mentale plus fréquents, en particulier la dépression. Ce qui est compliqué, c'est que la dépression chez les jeunes gens ne s'exprime pas de la même façon que chez les adultes de plus de 25 ans. Un adulte dépressif est triste, il n'est plus dans son mouvement habituel, il y a un ralentissement, la perte progressive de l'envie de faire des choses. Chez les jeunes gens, ça peut être plus subtil. La tristesse et le ralentissement ne seront pas constants. En revanche, les signes somatiques sont souvent plus visibles : « Je n'arrive pas à dormir », « Je n'arrive pas à manger » ou au contraire « Je mange trop », « Je dors trop ». Or on ne se rend pas toujours compte que ce sont des signes de dépression, et c'est donc parfois un peu compliqué de poser le diagnostic. Et si on fait traîner celui-ci, la dépression peut conduire aux idées noires et aux pensées suicidaires dont je parlais juste avant. Heureusement, on a fait beaucoup de progrès en Europe, on forme mieux les professionnels de l'école pour repérer de manière plus juste, comprendre ce que traversent ces jeunes gens.

Enfin, l'anxiété est également très fréquente, avec notamment des crises d'angoisse. Le plus souvent, l'anxiété est diffuse, on va dire « Vraiment, je ne me sens pas bien, j'appréhende ». Alors que le stress est la conséquence d'une situation (on peut être stressé par l'école, par le travail, par une situation qui nous dépasse...), on ne connaît pas toujours la cause de l'anxiété. Il y en a qui n'arrivent pas à aller à l'école ou à faire des choses qu'ils faisaient avant, sans pouvoir déterminer l'objet de leur peur. Il y a aussi beaucoup de signes physiques : « J'ai des palpitations, j'ai le cœur serré, la gorge serrée, j'ai mal au ventre. » L'anxiété, c'est comme un étau, quelque chose qui vous enserre.

Est-ce que la dépression est provoquée par quelque chose, un événement particulier, traumatique peut-être ? Ou est-ce qu'on peut tomber en dépression sans déclencheur ?

Puisque la dépression est une maladie, ça peut effectivement toucher tout le monde, il n'y a pas forcément d'événement particulier à l'origine. Une maladie psychiatrique résulte de plusieurs facteurs. On peut traverser une épreuve sans tomber en dépression, par exemple, si un proche décède, on sera endeuillé, mais pas forcément en dépression. En revanche, s'il y a un ensemble d'autres facteurs qui nous fragilisent, qui nous font du mal, ça peut arriver.

Il y a toutefois des facteurs de risque : si, enfant, on a eu des manques, des carences, des traumas, on a plus de risque d'être déprimé. Mais ce n'est pas une cause, c'est plus un terrain propice au développement de maladies psychiatriques. Le terrain peut également être génétique : plusieurs générations d'une même famille peuvent souffrir de dépression. Les médecins vont en tenir compte dans leur traitement.

Est-ce que vous avez des conseils pour prendre soin de sa santé mentale ?

Il faut être à l'écoute de soi-même et prendre du temps pour les choses qui nous plaisent. Il faut s'occuper de son corps aussi, via le sport la danse, le yoga, la relaxation, la pleine conscience... Il existe plein de techniques qui font du bien, à choisir en fonction de ses envies et de ses besoins. Certains vont écrire quand ils ne vont pas bien, ou jouer de la musique. Il faut aussi et surtout se soucier les uns des autres.

Se confier à un professionnel

Je suis aussi allée plusieurs fois chez une psychologue pour parler. Ça m'a fait énormément de bien. Au-delà du fait que ça soulage de se confier, elle m'a posé des questions qui m'ont obligée à réfléchir sur ce que je voulais faire dans ma vie. Je n'étais pas passive, elle m'a amenée à trouver mes propres solutions. Grâce à ça, j'ai appris à mieux me connaître et me comprendre, et je continue encore sur ce chemin.

Même si les psychologues sont les plus connus, il existe d'autres professionnels de la parole à qui se confier – soit parce qu'on n'ose pas le faire auprès de sa famille ou de ses amis, soit parce qu'on a besoin d'une aide extérieure. Même quand on n'a aucun mal à s'exprimer sur ses sentiments (ce qui est mon cas), bénéficier d'un regard neuf, d'un avis extérieur, est une aide précieuse.

Les professionnels de santé sont là pour t'aider, pas pour te juger. L'argent, une situation familiale stable, un environnement de rêve : rien n'est un remède à la maladie mentale, c'est toi vs toi-même. Tu peux « tout » avoir et pourtant souffrir d'anxiété ou de dépression.

Il ne faut pas hésiter à tester plusieurs professionnels, à choisir en fonction de tes besoins, de ton budget (tous ne sont pas remboursés) et de leur accessibilité. J'ai été voir plusieurs psychologues avant de trouver celle qui me correspondait. C'est surtout une question de feeling, ça peut passer ou non ! Personnellement, je n'accroche pas avec les psys qui écoutent beaucoup et parlent peu, j'ai besoin d'un psy qui me donne des conseils, mais surtout me pose les bonnes questions pour que je trouve mes propres solutions.

Ce n'est pas simple de s'y retrouver entre les différents métiers et spécialités, alors voici un petit récapitulatif des personnes à qui tu peux t'adresser pour t'aider à y voir plus clair.

Les professionnels de la parole

Le médecin/l'infirmier scolaire

Il intervient dans les établissements scolaires et est tenu au secret médical. Il saura te guider vers d'autres professionnels de la santé si nécessaire. Puisque c'est dans le cadre de l'établissement scolaire, tu n'as rien à débourser.

Le médecin traitant

C'est ton médecin de référence. Lui aussi est tenu au secret médical, tu peux donc lui parler sans craindre qu'il aille répéter les informations à tes parents. Il saura t'écouter et te conseiller, et te rediriger vers d'autres professionnels selon tes besoins. La consultation est remboursée par l'Assurance maladie à 70 % et par ta mutuelle pour le complément.

Le psychiatre

Le psychiatre a aussi suivi des études de médecine, donc en qualité de médecin, il peut te prescrire des médicaments (ce qui n'est pas le cas d'un psychologue). Il aura la capacité de faire un diagnostic de ta santé mentale puis de t'accompagner dans le cas d'un trouble psychique. La consultation est remboursée par l'Assurance maladie à 70 % et par ta mutuelle pour le complément.

Le psychiatre va traiter des troubles plus sévères que le psychologue. Ces troubles nécessitent généralement un traitement médicamenteux : dépression, bipolarité, schizophrénie, troubles post-traumatiques…

Le psychologue

Le psychologue a suivi des études de psychologie et n'est donc pas médecin : il ne peut pas prescrire de médicaments. Il est également tenu au secret. En plus de l'écoute et du soutien professionnel, il peut faire passer des tests pour établir son diagnostic psychologique.

Certains ont des spécialités. Par exemple, un psychologue spécialisé en TCC (thérapie comportementale et cognitive) pourra te convenir si tu souffres de symptômes anxieux, de phobies, de TOC ou encore de troubles alimentaires, car l'objectif est de remplacer un comportement inadapté par un nouveau comportement (certains psychiatres sont également spécialisés en TCC). Pour certains troubles, tu préféreras peut-être une thérapie qui se concentre davantage sur les racines du problème.

Carto Santé Jeunes, pour trouver un lieu de santé près de chez toi

Si le psychologue exerce dans un établissement public (hôpital, centre médico-psychologique, établissement scolaire…), la consultation est prise en charge par l'Assurance maladie et la mutuelle. À noter : si tu es mineur·e, tu peux te rendre dans des établissements tels que la Maison des adolescents ou le Point accueil et écoute jeunes le plus proche de chez toi pour voir un psy gratuitement, sans besoin de l'accord de tes parents.

Santé Psy Étudiant, pour bénéficier de 8 séances gratuites avec un psychologue

Si le psychologue est conventionné avec la CPAM de ton lieu de résidence, l'Assurance maladie rembourse 60 % de la consultation, jusqu'à 8 consultations. Ta mutuelle complétera le reste[4]. Si tu es étudiant·e, les 8 séances sont entièrement prises en charge par l'Assurance maladie.

Si le psychologue n'est pas conventionné, seule ta mutuelle prendra en charge tout ou une partie de la consultation, selon ton contrat.

4. Ce complément dépend du contrat de mutuelle que tu as souscrit, mais aussi du prix de la consultation : dans certaines grandes villes, les tarifs pratiqués par les psychologues sont élevés.

Le psychothérapeute

Ce professionnel traite également les troubles psychologiques. Il est généralement spécialisé dans un type de thérapie, par exemple :

- L'hypnothérapie. Il utilise l'hypnose pour te mettre dans un « état de conscience modifiée » (un peu comme en état de transe), ce qui permet de travailler au niveau de l'inconscient.
- La PNL (programmation neuro-linguistique). Il t'aide à prendre conscience de tes automatismes et de tes modèles de pensée, c'est-à-dire la façon dont tu perçois le monde et les autres, pour mieux les changer.
- L'EMDR (*eye movement desensitization and reprocessing*). Il te fait réaliser des mouvements oculaires pour activer des processus psychiques, et ainsi apaiser les traumas.

Si le psychothérapeute a suivi une formation de médecin ou de psychologue, il pourra être agréé par l'agence régionale de santé et la consultation sera remboursée comme indiqué précédemment (à 70 % pour le psychiatre, à 60 % pour les 8 premières consultations avec le psychologue). Sinon, vérifie quels remboursements propose ta mutuelle.

Le psychanalyste

La psychanalyse est un type particulier de psychothérapie qui utilise la méthode d'exploration de l'inconscient élaborée par Sigmund Freud au début du XXe siècle. Elle interprète notamment les rêves, les lapsus ou encore les actes manqués. Ça peut te correspondre si tu cherches une thérapie plus longue, plus analytique, avec une exploration profonde de ton histoire personnelle.

Le psychanalyste n'a pas l'obligation d'être diplômé, mais il doit avoir lui-même suivi une cure de psychanalyse et être formé dans une école psychanalytique. Beaucoup de psychanalystes sont en parallèle médecins ou psychologues. Si c'est le cas, comme dans le cas du psychothérapeute, les consultations seront remboursées (à 70 % pour le psychiatre, à 60 % pour les 8 premières consultations avec le psychologue).

Le coach de vie

On touche ici davantage au développement personnel qu'à la psychologie. Le coach de vie t'accompagne dans l'atteinte de tes objectifs, qu'il s'agisse de mieux gérer ton stress, de reprendre confiance en toi, de maîtriser des conflits…

Certains coachs de vie sont aussi psychologues, les consultations peuvent alors être prises en charge par l'Assurance maladie. La plupart du temps toutefois, le coaching n'est pas remboursé.

L'assistant social

L'assistant social intervient auprès d'individus, de familles et de communautés pour les aider à faire face à des difficultés sociales, psychologiques, financières ou administratives. Il est formé pour écouter, conseiller, orienter et accompagner les personnes en difficulté afin de les aider à améliorer leur qualité de vie et à trouver des solutions aux problèmes qu'elles rencontrent. Si tu rencontres des problématiques de logement ou de budget par exemple, ou que tu as besoin d'aide pour des démarches administratives, ce peut être la bonne personne à qui t'adresser.

Dispositif Fil santé jeunes

Ce service anonyme et gratuit à destination des jeunes de 11 à 25 ans propose une ligne d'écoute 0 800 235 236, accessible 7 jours sur 7 de 9 heures à 23 heures, et un site Internet mettant à disposition de l'information, un forum, un tchat et une orientation vers des structures d'aide (lieux d'accueil et d'écoute, Maisons des adolescents, structures associatives, professionnels et structures de soins). Ces services sont dispensés par des professionnels (médecins, psychologues, éducateurs et conseillers).

L'éclairage de NEWIN BOKHARI

Journaliste de formation, Newin Bokhari a cofondé le média Origines qui explore les histoires de personnes confrontées à des traumatismes pour mettre au premier plan l'humain. Aujourd'hui, elle parle sur ses propres réseaux sociaux de santé mentale, un sujet qui la touche intimement, et d'autres thèmes (voir page 126).

À quels problèmes de santé mentale as-tu été confrontée ?

J'ai connu plusieurs épisodes dépressifs dans ma vie, et le plus violent a fait suite à mon départ d'Origines. Je ne suis presque pas sortie de mon lit pendant trois mois, sauf pour promener ma chienne. Je ne faisais que pleurer et j'essayais d'aller mieux et de me retrouver. Pendant dix ans, je m'étais construite à travers mon métier de rédactrice en chef vidéo et de créatrice d'un média. J'avais créé une grosse partie de mon estime et de mon amour de soi à travers le travail, et quand j'ai quitté le projet Origines, je me suis retrouvée sans rien. Ça a été une énorme claque. Cette dépression s'explique aussi par des problématiques plus lointaines, mais ça s'est vraiment réveillé quand je n'avais plus rien à faire de mon quotidien.

Comment as-tu fait pour surmonter ça ?

J'ai réussi à remonter la pente grâce à un entourage assez extraordinaire, mais aussi grâce à des thérapies et à l'écriture. Mon problème était que je fuyais mes émotions, et j'ai décidé de les affronter et de les comprendre en écrivant ce que je traversais. Je suis encore en plein dans ce processus, mais ça va mieux. J'ai aussi eu la chance de pouvoir quitter mon quotidien et de partir en voyage. Ça, malheureusement, c'est quelque chose qu'on peut faire quand on est privilégié. Ma mère m'a offert un voyage de deux semaines au Brésil en me disant : « Tu n'es plus la Newin qu'on connaît, tu ne rigoles plus, tu ne souris plus, tu ne vis plus. Va vivre. » Je me suis confrontée à moi-même dans un pays où je ne connaissais ni la langue ni la culture. Ça a été assez extraordinaire. Et enfin, ce qui m'a permis de surmonter la dépression, c'est de retrouver des projets personnels, ma motivation professionnelle, des personnes qui m'accompagnent et qui croient en mes idées. Parce que même s'il faut se construire en dehors de sa vie professionnelle, mon travail, c'est ma passion, c'est mon âme, c'est ce que je suis depuis toujours. Aujourd'hui, j'ai retrouvé la motivation de me lever tous les jours.

Est-ce que tu as vu beaucoup de professionnels de santé ?

Oui, j'ai vu différents types de psys. J'ai aussi testé l'hypnose, la kinésiologie. C'est compliqué de trouver un thérapeute qui te correspond. J'en avais trouvé une super à Paris, mais j'étais arrivée au bout de ce que je pouvais faire avec elle. En fait, j'ai déjà fait un travail d'introspection très profond, donc quand j'arrive en thérapie, les psys voient que je connais déjà très bien mon histoire personnelle. Ils peuvent m'éclairer sur des zones d'ombre, mais le plus gros du travail introspectif est fait. C'est pour ça qu'aujourd'hui j'essaie plutôt de me diriger vers des thérapies comportementales qui vont me donner des armes pour aller mieux, comme l'écriture ou la méditation.

Je me reconnais dans ce que tu dis. Comme toi, je connais bien mon histoire, et j'ai de la facilité à me confier. Donc, quand je vais voir un psychologue, j'ai l'impression de raconter ma vie comme je le fais habituellement. Comment fais-tu pour choisir la bonne personne, celle qui pourra vraiment t'aider ?

Quand je cherche un thérapeute, je ne prends pas celui qu'un pote me conseille. Ce qui marche pour lui ne marchera pas forcément pour moi. Moi, je fonctionne beaucoup à l'instinct. Le meilleur conseil que je peux donner à quelqu'un, c'est d'aller sur Doctolib et de chercher un psychologue dans son quartier. Si on prend quelqu'un qui est à l'autre bout de ta ville, on ne tiendra pas sur le long terme. Ensuite, il faut regarder les photos, les descriptions, voir si la personne nous « parle ». Personnellement, je cherche quelqu'un qui correspond à mon identité. Le site speakbyspeakeasy.

com propose un questionnaire pour être mis en relation avec un psychologue qui correspond à ses critères : ville, budget, spécialisations, mais aussi religion, origine… Car certains recherchent un psy homme, femme, noir, arabe, musulman, gay, etc. Par exemple, dans mon entourage, il y a des personnes gays qui ne veulent pas d'un thérapeute qui ne soit pas au fait des problématiques LGBTQIA+, ou des personnes racisées qui préfèrent un thérapeute lui aussi racisé. Pour ce qui est des spécialisations, quelqu'un qui a du mal à mettre les mots sur ce qu'il traverse ou a besoin d'éclairage sur son vécu peut privilégier une thérapie par la parole. Pour quelqu'un comme moi qui a déjà consulté plusieurs fois, qui connaît ses blessures, ce peut être mieux d'aller voir un psychologue spécialisé en thérapie comportementale et cognitive qui va proposer des exercices, des outils pour remplacer les mauvais comportements. Ce que je fais lors du premier rendez-vous, c'est que j'expose mon problème et mes attentes. Ça évite de stagner.

Pourquoi souhaites-tu parler davantage de santé mentale ?

En raison de mon éducation, de la société, de ma culture aussi, j'ai eu peur que parler de mes épisodes dépressifs nuise à ma carrière, mais aussi à ma vie sociale, amoureuse… Que ça me fasse perdre en crédibilité. Pourtant, j'ai interviewé pendant des années des personnes lumineuses qui ont vécu des histoires très sombres, et restaient crédibles. Elles ont eu une magnifique carrière et une vie incroyable. Il faut que j'arrête d'être hypocrite envers moi-même. Je ne peux pas demander à des personnes de se livrer si je ne le fais pas moi-même, alors je vais commencer à en parler plus ouvertement, sur mes propres réseaux.

Je ne peux pas écrire sur la santé mentale sans parler de harcèlement et de cyberharcèlement. On lit trop histoires d'enfants, d'adolescents ou de jeunes adultes harcelés ou cyberharcelés, parfois jusqu'au drame. Y étant moi-même confrontée depuis mes 13 ans, je suis profondément choquée de voir que tant de personnes continuent de critiquer, de moquer, d'insulter d'autres personnes sans jamais se considérer comme harceleur. Je veux, par mon témoignage, montrer toutes les conséquences de leurs actes.

13 ans et harcelée

J'ai commencé YouTube en cinquième. J'adorais ça. Certains font de la danse ou du foot après l'école, moi, c'étaient des vidéos. Personne n'était au courant, pas même mes parents.

En avril 2016, les vidéos « 10 faits sur moi » faisaient beaucoup de vues sur YouTube, alors j'ai voulu essayer. Pour me différencier des autres, je me suis dit que j'allais parler de choses un peu originales, gênantes même. J'ai eu l'idée de raconter que je mangeais mes ongles de pied, ce qui n'était même pas vrai. Je ne suis pas assez souple pour ça ! Je l'ai dit pour amuser mes cinquante abonnés… mais, quelques jours plus tard, la vidéo avait fait des millions de vues.

J'étais partout : sur YouTube bien sûr, mais aussi sur Facebook où ma famille me découvrait, et sur Twitter où j'étais en tendance France. Je passais sur MalaiseTV, je me prenais des insultes horribles, par milliers.

J'étais une gamine de 13 ans qui avait raconté qu'elle mangeait ses ongles de pied, et des inconnus écrivaient que j'avais une bouche de suceuse. Que j'étais dégueulasse. Que je devais aller me faire enculer. J'écris ici ces mots pour montrer toute l'horreur du harcèlement.

Bien sûr, ce harcèlement n'était pas qu'en ligne. Le lendemain de la vidéo, je suis allée au collège comme si de rien n'était, mais en une nuit, ma vie avait changé. Le lundi, je n'étais personne, et le mardi j'étais la risée du collège. Dès mon arrivée, un groupe de troisièmes s'est mis en rond autour de moi pour me répéter en boucle : « Vas-y, mange tes ongles de pied, mange-les, t'es dégueulasse. »

On me poussait dans la cour, dans les couloirs, on m'insultait. Alors qu'avant, j'avais plein d'amis et étais assez populaire, je me retrouvais abandonnée, isolée. Seule ma meilleure amie, Sirine, m'a défendue.

Les adultes du collège – proviseur, professeurs, pions – ne m'ont pas soutenue. Pire encore, certains étaient contre moi. Je me rappelle une heure de permanence où le surveillant faisait l'appel et a dit « la fille qui mange ses ongles de pied » au lieu de mon nom. Quand même un adulte s'y met, pourquoi est-ce que des adolescents s'arrêteraient ?

La CPE m'a convoquée quelques jours après les faits. Elle m'a dit : « Je te laisse le choix. Soit tu arrêtes toutes tes conneries sur YouTube, et tout va bien se passer. Soit tu continues YouTube, mais je te vire du collège, parce qu'à cause de toi, il y a trop de problèmes. » J'étais tellement dégoûtée des réseaux sociaux que j'ai répondu que j'allais fermer ma chaîne, mais je ne comprenais pas que sa seule réaction soit de me demander d'arrêter YouTube. Le « mal » était fait : la vidéo était sortie, j'étais devenue une cible, ne pas faire de nouvelles vidéos n'y changerait rien. Elle aurait dû, en tant qu'adulte, me défendre contre toutes les violences que je subissais.

Le harcèlement dépassait aussi le cadre du collège. On me reconnaissait dans la rue. L'événement le plus traumatisant pour moi s'est passé à Châtelet, alors que je faisais du shopping : des jeunes se sont arrêtés pour me filmer avec leur téléphone, sans mon consentement. Ils se mettaient à quelques centimètres de moi et zoomaient en disant : « Hé grosse pute, c'est toi la fille qui mange ses ongles de pied ? Regardez, c'est elle, la dégueulasse ! » J'avais 13 ans, j'étais toute petite, toute maigre, et j'étais entourée de garçons qui ne me connaissaient pas et m'agressaient.

Je suis rentrée chez moi et je n'ai fait que pleurer. Je n'en pouvais plus. Je voulais juste disparaître. Je n'en parlais pas avec ma famille, car c'était compliqué d'expliquer à mes parents ce qu'était YouTube, ce que j'y faisais, comment ça avait dégénéré, alors même que je ne leur avais rien dit avant. Ils étaient là pour moi, ils ne m'ont jamais rabaissée, mais ils ne comprenaient pas ce qu'il se passait et je ne le leur expliquais pas.

J'avais désormais 20 000 abonnés. Ça aurait dû être un rêve qui se réalisait et c'était un cauchemar. Je voulais juste supprimer ma chaîne et je pleurais sans m'arrêter. J'ai fini par appeler Sirine, la seule amie qui me restait, et elle est venue chez moi avec sa grande sœur. Elles m'ont dit : « Ne supprime pas ta chaîne YouTube. Ça a toujours été ton rêve. Tu ne vas pas arrêter maintenant. »

Je ne l'ai pas supprimée, mais je ne postais plus, je ne regardais plus aucune vidéo. Mon corps faisait un rejet : dès que je voyais l'émoticône YouTube, je pleurais. Cette plateforme était devenue pour moi synonyme de milliers d'insultes.

Pendant plusieurs semaines, je ne suis plus allée au collège. Je disais que j'étais malade, et ce n'était pas totalement faux : c'était physiquement impossible pour moi de retourner en classe avec tout le harcèlement. J'avais une boule au ventre constante, j'étais devenue parano : dès que quelqu'un m'adressait la parole, je pensais que c'était pour m'agresser.

Quand j'ai fini par y retourner, les choses ne s'étaient pas calmées. Un troisième, en particulier, m'insultait du matin au soir. Un matin, dès mon arrivée à 8 heures du matin, il m'a dit : « Nique ta mère. » Je ne sais pas ce qui m'a pris, mais je suis devenue folle de rage. Tout mon trop-plein d'émotions débordait. Je me suis mis à hurler : « Lâche-moi, lâche-moi, laisse-moi tranquille » en le repoussant physiquement. Tout le monde me regardait. À partir de ce moment-là, le harcèlement s'est tassé.

Ce qui est fou, c'est que cette vidéo est sortie il y a dix ans, mais qu'on m'en parle encore aujourd'hui. J'ai du recul et j'essaie d'en rire. Je me dis que c'est grâce à un bad buzz que je suis devenue connue, et je suis fière d'avoir continué sur les réseaux sociaux malgré tout, fière de la force que j'ai eue. Ça a été une forme d'engagement envers moi-même que de continuer mon rêve malgré toute la souffrance traversée.

Le cyberharcèlement fait malheureusement toujours partie de ma vie aujourd'hui. C'est la contrepartie de la visibilité sur les réseaux : dès qu'on fait quelque chose de différent, on se fait harceler. Par exemple, quand j'ai annoncé que je tournais un nouveau film, je suis passée en tendance France et j'ai eu droit aux habituels commentaires de type « C'est parce qu'elle mange ses ongles de pied », mais aussi aux « Elle ne sait pas jouer, elle n'a rien à faire là, elle est nulle, c'est honteux ». Le lendemain, j'étais en tournage, et je n'ai pas réussi à faire la scène. Je n'arrivais plus à parler alors que je connaissais mon texte par cœur, je ne faisais que pleurer. J'ai fini par comprendre que c'était le contrecoup de tout le harcèlement que j'avais subi sur Twitter la veille.

Heureusement, aujourd'hui, ma vie est très différente de quand j'avais 13 ans : les réseaux sociaux sont mon travail, je gagne de l'argent grâce à ça, j'ai une équipe derrière moi, des abonnés qui me suivent tous les jours et me soutiennent. J'ai plus de force mentale.

Cependant, si je raconte tout cela, c'est pour dénoncer ce harcèlement qui est aujourd'hui si facile et si courant. On prend un téléphone, on va sur Internet et on y écrit ce qu'on veut sans penser à la personne qui va lire ensuite. On insulte, en ligne ou en face. Beaucoup de harceleurs ne se rendent même pas compte de ce qu'ils font, de l'impact que peuvent avoir leurs paroles. Je souhaite que toutes les personnes qui me lisent réfléchissent, la prochaine fois qu'elles écriront sur quelqu'un, à l'impact de leurs mots sur la personne qui lira leur message.

Si tu es toi-même victime de harcèlement, sache que tu n'es pas seul·e. Même si tu te sens abandonné·e de tous, y compris des adultes de ton entourage, il y aura toujours quelqu'un pour te soutenir : un membre de ta famille, un ami, un professeur, un médecin… Tu peux appeler le 30 18 pour le cyberharcèlement et le 30 20 pour le harcèlement à l'école. Ne garde rien pour toi, confie-toi et déconnecte-toi des réseaux sociaux. Tu es plus fort·e qu'eux tous.

T'engager envers toi-même, c'est prendre soin de toi pour prendre soin des autres. Réaliser des projets qui te tiennent à cœur, oser être toi-même, te respecter et mettre la priorité sur ta santé mentale sont selon moi les quatre piliers d'un engagement solide et sain. Bien sûr, on peut donner de son temps à ses proches ou à une association alors même qu'on n'est pas parfaitement épanoui, voire qu'on traverse des épreuves, mais renforcer sa confiance en soi et sa résilience sera le meilleur moyen de contribuer positivement au monde. C'est ce que j'essaie de faire, à mon rythme, jour après jour.

PARTIE 2

S'engager envers ses proches et prendre soin d'eux pour renforcer les liens

Aujourd’hui, quand on parle d’engagement, on pense souvent à l’engagement caritatif ou associatif. Pourtant, l’engagement, ce n’est pas que ça ! Il y a aussi l’engagement amical, amoureux, familial…

Quand on entre dans la vie de quelqu’un, on s’engage à être là pour lui ou elle, à vivre des moments agréables et d’autres compliqués. C’est comme ça qu’une amitié existe. C’est comme ça que l’amour naît. Être empathique, c’est faire preuve d’engagement envers une autre personne. L’écouter, la comprendre, la conseiller, poser un regard doux sur elle, pleurer ou rire ensemble…

Trouver du temps pour ceux qu'on aime

Je pense que s'engager envers ses proches, c'est avant tout passer du temps de qualité ensemble. C'est s'intéresser à eux, les écouter. Tu apprends beaucoup plus en écoutant leur histoire qu'en parlant de la tienne.

Je trouve ça merveilleux d'écouter ma grand-mère me raconter des anecdotes sur sa vie : une autre époque, un autre pays… Et j'aime tout autant écouter mon petit frère me confier ses histoires du collège. Ces conversations m'enrichissent tous les jours et, souvent, j'y trouve des échos à ma propre histoire.

S'engager envers tes proches, c'est aussi faire des concessions. Quand on est jeune, on a l'impression que passer du temps avec ses parents ou ses grands-parents plutôt que d'être avec ses amis, c'est une perte de temps. Je ne juge personne, moi aussi j'ai très souvent mis la priorité sur mes amis.

(Ce que j'écris ici concerne les personnes qui se sentent bien dans leur famille. Si ton cadre familial n'est pas sain, tu n'as aucune raison de te forcer à y passer du temps. Continue plutôt de créer ta propre famille, celle qui te soutiendra et te portera.)

S'engager auprès de tes proches ne veut pas dire que tu passes tous tes week-ends avec. C'est juste trouver du temps pour quelque chose qui en vaut la peine. On pense tous qu'on a le temps de rien, mais c'est faux ! On peut toujours trouver un moment dans sa semaine quand on le veut vraiment. Même si j'ai un emploi du temps chargé, il y a plein de moments où je suis juste à scroller sur mon téléphone, et je sais que je pourrais utiliser autrement ce temps perdu.

Il ne s'agit pas non plus de s'oublier pour répondre à toutes les demandes de son entourage, mais de trouver un équilibre. Je suis sûre que tu as en tête des moments où tu aurais pu passer plus de temps avec une personne, ou alors rendre un service qui ne t'aurait pas demandé tant d'effort que ça.

Moi, j'ai un souvenir comme ça. C'était une longue période sans que je voie ma grand-mère. J'avais toujours une bonne excuse : je travaillais beaucoup, j'avais un repas avec des amis, une soirée… Alors je me suis engagée auprès d'elle à passer une journée ensemble. Elle habitait à la campagne, et il n'y avait pas grand-chose à faire vers chez elle. On est allées au centre commercial de la ville la plus proche, et ça suffisait pour passer un bon moment. Elle était juste contente de passer du temps avec sa petite-fille : pour elle, qu'on soit à Disneyland ou dans un centre commercial, ça ne changeait pas grand-chose ! Et je garde moi aussi un très bon souvenir de cette journée.

Nous savons que la vie n'est pas éternelle, que ces moments sont limités par le temps, qui coule à toute vitesse. La culpabilité et les regrets sont des émotions qu'on voudrait éviter, alors ne les provoquons pas. Remettre toujours à plus tard le temps passé avec quelqu'un, c'est prendre le risque de nuire à la confiance de cette personne et de ne pas être là quand elle a besoin de nous. Pire encore, on peut perdre un proche et se rappeler tout ce qu'on avait prévu de faire ensemble et qu'on a repoussé. J'écris ça, parce que je l'ai ressenti lorsque ma grand-mère est partie rejoindre les étoiles. À ce moment-là, je ne pouvais plus revenir en arrière.

S'engager envers ceux qui t'ont beaucoup donné dans la vie, c'est à la fois leur faire plaisir et t'apporter, à toi, de la joie. Tu leur exprimes de la gratitude pour ce qu'ils ont fait et ce qu'ils sont.

Ça me fait penser au livre de Delphine de Vigan, *Les Gratitudes*[5], qui m'a beaucoup touchée. Marie, l'héroïne, passe voir tous les jours une vieille dame dans un hôpital. Pourtant, elle est enceinte, elle a un travail, on pourrait se dire qu'elle n'a pas le temps. Toutefois, parce que cette dame l'a aidée toute sa vie, elle choisit de lui communiquer sa gratitude en étant à son tour là pour elle.

S'il y a une chose important que j'ai apprise, c'est qu'aucune relation n'est acquise. Qu'elle soit familiale, amoureuse ou amicale, une relation doit être entretenue. Ça se fait à différents degrés bien sûr selon le lien avec la personne et le contexte, mais je trouve important de se demander régulièrement si on ne priorise pas une personne ou un groupe de personnes par rapport à ses autres relations !

5. JC Lattès, 2019.

Vous êtes-vous déjà demandé combien de fois par jour vous disiez merci ? Merci pour le sel, pour la porte, pour le renseignement. [...] Des merci de politesse, de convenance sociale, automatiques, mécaniques. Presque vides. [...] Des merci de profession : Merci pour votre réponse, votre attention, votre collaboration.

Vous êtes-vous déjà demandé combien de fois dans votre vie, vous avez réellement dit merci ? Un vrai merci. L'expression de votre gratitude, de votre reconnaissance, de votre dette.

À qui ?

Extrait de *Les Gratitudes* de Delphine de Vigan

Prendre soin de ses amitiés

Quand j'ai commencé à être visible sur les réseaux sociaux et à avoir des amis dans l'influence, je sortais beaucoup à Paris avec eux. Je voulais de moins en moins aller à l'école, j'avais une vie sociale de plus en plus dense et je voulais tout le temps traîner avec ces nouveaux potes.

Je suis reconnaissante à mes amis d'avant de m'avoir fait remarquer que je les laissais un peu tomber. Au lieu de m'en vouloir et de me faire la tête sans expliquer pourquoi, ils m'ont fait comprendre que l'amitié, ce n'était pas à la carte, qu'on ne peut pas avoir des potes puis les mettre de côté quand on fait de nouvelles rencontres. Ils m'ont dit de me réveiller et de ne pas les oublier, et j'ai compris qu'ils avaient raison et que l'amitié est quelque chose qu'on doit entretenir. Ça se construit et ça s'alimente.

C'est valable aussi quand on est dans une relation amoureuse. On peut avoir tendance à s'enfermer dans une bulle, on consacre beaucoup de temps à la personne qu'on aime, et on en oublie sa famille et ses amis. J'ai été dans une relation longue très jeune, mais ce n'est pas pour autant que j'ai délaissé mes proches. Bien sûr, il y avait des moments où j'étais tellement amoureuse que je voulais juste rester enfermée avec lui pendant trois semaines, mais il faut savoir trouver du temps pour tous les gens qu'on aime. Il faut prendre soin de tous ceux qui comptent pour soi.

Rendre service sans rien attendre en retour

S'engager envers ses proches, c'est aussi les aider dans leurs tâches du quotidien, essayer de leur adoucir la vie ou juste leur faire plaisir, pour montrer qu'on pense à eux et qu'on les aime.

J'ai réfléchi à des choses que j'ai fait pour mes proches ou que je pourrais faire. C'est une liste d'idées dans laquelle piocher, sans culpabilité : chacun fait selon son temps et ses possibilités. Le but n'est pas de s'ajouter une charge mentale, mais juste de se faire une petite piqûre de rappel : il y a des choses toutes simples qui peuvent faire énormément de bien à autrui.

Quelques idées d'actions à faire pour tes proches

Pour ton papy, ta mamie ou un voisin/proche âgé

- Faire ses courses.
- L'accompagner à des rendez-vous médicaux, aller chercher ses médicaments.
- L'aider pour les tâches administratives ou l'informatique.
- Si tu as une voiture, assurer des conduites.
- Passer du temps ensemble, sans être sur le téléphone : lui poser des questions sur son enfance, jouer à des jeux de société, lui demander de t'apprendre quelque chose que tu ne connais pas – couture, bricolage, cuisine…
- Créer une playlist de musiques de sa jeunesse, à écouter ensemble.
- Aller marcher ensemble, même si c'est juste un tour du quartier.

Pour ton frère, ta sœur, ton neveu ou ta nièce

- S'il ou elle est plus jeune :
  - t'en occuper davantage, pour décharger tes parents ;
  - l'aider à faire ses devoirs ;
  - l'accompagner à ses activités extrascolaires.
- L'interroger sur ses copains, ses profs, comme tu le ferais pour un ami.
- Lui prêter tes vêtements, accessoires, livres…
- Organiser régulièrement une activité ensemble : film, laser game, bowling…

Pour ton père, ta mère ou un autre adulte avec qui tu vis

- Lui préparer de bons petits plats de temps en temps, un petit déjeuner-surprise, un apéro festif…
- Participer aux tâches ménagères (sans râler), t'engager à en assurer une régulièrement.
- Être force de proposition : lancer l'idée de faire du tri dans les affaires, de tondre la pelouse…
- Aider à la planification des vacances.
- Offrir des coupons pour des tâches précises (comme une soirée de baby-sitting à la demande).
- L'interroger sur son travail, ses amis, sa jeunesse – parfois, on se rend compte qu'il y a plein de choses qu'on ne connaît pas sur ses parents !
- Ne pas prendre tout ce qu'il ou elle fait pour acquis, remercier.

Pour tout le monde (famille, amis, copain ou copine…)

- Envoyer un SMS ou passer un coup de téléphone de temps en temps, simplement pour prendre des nouvelles.
- Faire un cadeau sans raison particulière : des fleurs, un album photo avec plein de souvenirs…
- Complimenter, souvent.
- Envoyer des cartes d'anniversaire ou de souhaits.
- Remercier sincèrement quand on t'aide ou fait quelque chose pour toi.
- Prendre l'initiative de la réconciliation après une dispute.
- Être pleinement présent quand la personne traverse une période difficile : l'appeler régulièrement et lui rendre visite si c'est possible, demander ce que tu peux faire pour aider, l'inviter à des sorties ou partager une activité pour lui changer les idées…
- Lui simplifier la vie quand il ou elle traverse quelque chose : alléger sa charge mentale en l'aidant pour des choses très pratiques comme des tâches administratives ou ménagères.
- Être positif et sourire : l'optimisme est contagieux !

Il existe différentes façons d'exprimer son affection et son amour, et il est important dans une relation de parler à l'autre dans le langage auquel il est le plus sensible. Tu as peut-être déjà entendu parler des langages de l'amour, conceptualisés par Gary Chapman[6]. Les cinq langages sont les suivants :

- Les paroles valorisantes (les compliments, les mots doux...). C'est l'expression orale des sentiments.

- Les moments de qualité, qui consistent à passer du temps ensemble en étant pleinement présent (exit le téléphone). J'en ai listé plein dans la liste juste avant.

- Les cadeaux, peu importe le prix, si c'est fait maison ou non... L'idée est juste de matérialiser son affection.

- Le toucher physique (les câlins, caresses...). Hyper important pour moi qui suis très tactile !

- Les services rendus. C'est clairement le langage de l'amour le plus sous-coté, et celui qui peut nous valoir beaucoup d'ingratitude... On dit facilement « merci » après un cadeau ou un compliment, mais plus rarement quand notre mère nous prend rendez-vous chez le dentiste, quand notre père négocie notre abonnement de téléphone ou quand une pote s'occupe de la réservation du resto ou de l'organisation d'un week-end. Pourtant, ce sont des choses qui nous simplifient la vie et nous enlèvent de la charge mentale. On est bien content de ne pas avoir à s'en occuper ! Faire pour quelqu'un d'autre une tâche chronophage ou prise de tête est une vraie preuve d'amour. Avec le toucher physique, les services rendus sont clairement le langage de l'amour auquel je suis la plus sensible. Ma sœur sait que je galère avec tout ce qui relève de l'organisation, donc elle gère pour moi tout un tas de choses : les rendez-vous médicaux, la box Internet... Et ça me fait bien plus plaisir que si elle m'offrait un téléphone ou un beau sac !

---

6. *Les Langages de l'amour*, Farel, 1997.

« Une relation exige une écoute bienveillante dans le but de comprendre les pensées de l'autre, ses sentiments et ses désirs. »

Gary Chapman

Bien sûr, il faut que ce soit donnant-donnant. Une relation dans laquelle quelqu'un se plie en quatre pour exprimer son affection de la manière qui plaît le plus à l'autre, sans rien obtenir en retour (ou presque), est une relation déséquilibrée…

Les langages de l'amour peuvent aussi évoluer selon les périodes, donc le mieux est de tester plusieurs choses, de varier les petites attentions, quitte à faire des choses qui ne sont pas forcément naturelles ou évidentes pour toi. D'où l'importance de parler des langages de l'amour quand ça va bien, pour savoir comment agir quand ça ira moins bien !

Être présent pendant les périodes difficiles

Quand un proche va mal, l'important est surtout de l'écouter attentivement, sincèrement. S'il partage son mal-être, c'est qu'il a besoin qu'on le prenne au sérieux, même si c'est quelque chose qui peut paraître futile par rapport à ce que traversent d'autres personnes. À chacun sa douleur et sa manière de l'exprimer.

Un comportement instinctif pourrait être de le câliner ou de lui envoyer régulièrement des SMS pour dire qu'on pense à lui, mais il sera, peut-être beaucoup plus touché si on lui fait ses courses et lui cuisine deux-trois petits plats, si on est présent par une aide concrète. On en revient aux langages de l'amour : c'est super important, quand quelqu'un va mal, de lui montrer qu'on l'aime de la manière à laquelle il est le plus sensible. Pour moi, quand c'est le bordel dans ma tête, c'est le bordel dans mon appartement. Donc ça me fait énormément de bien si ma maman par exemple vient ranger mon appartement ou m'aider à faire ou défaire une valise. J'ai besoin d'être maternée quand je vais mal, ça m'apaise et me permet ensuite de regarder avec un œil neuf mes soucis.

Selon les problèmes que traverse la personne qui se confie, il peut être nécessaire de la rediriger vers des professionnels[7]. Même si toi, tu seras toujours présent·e pour elle, tu n'as peut-être pas les outils pour l'aider à traverser ce qu'elle vit.

---

7. Voir page 40.

L'éclairage de MARIE ROSE MORO

Comment les proches et les amis peuvent-ils soutenir efficacement quelqu'un qui fait face à des problèmes de santé mentale ?

Les liens avec la famille et les amis sont très importants quand quelqu'un a une souffrance psychologique, quelle qu'elle soit. Mais attention ! Personne ne peut devenir le thérapeute de quelqu'un d'autre, sauf un professionnel bien sûr. On a beau être la meilleure amie du monde ou la meilleure mère du monde, on ne pourra pas devenir la thérapeute de son enfant ou de sa copine.

En revanche, montrer à la personne qu'elle n'est pas seule, qu'elle a quelqu'un à qui parler et sur qui compter pour telle ou telle chose, c'est fondamental. D'ailleurs, quand quelqu'un fait une tentative de suicide, un aspect essentiel du traitement est que la personne ne soit pas laissée seule avec ses idées noires. On va demander à ses proches de s'occuper d'elle, de garder des liens pour qu'elle ne soit pas à nouveau dans une situation où elle perd confiance en la vie. La présence des proches est un médicament.

Après, il y a d'autres manières d'aider, bien avant ce stade. Il faut avoir le courage de dire à la personne qu'elle va mal. Je pense à une jeune fille anorexique que j'ai vue récemment. Personne ne lui avait dit : « Mais c'est pas possible, tu ne vas pas bien. » Elle ne mangeait presque plus depuis des mois, juste une pomme de temps en temps. Il faut dire à la personne que l'on s'inquiète pour elle et mettre des mots sur son mal si c'est possible : « Là, tu es en train de devenir anorexique, je ne peux pas te laisser comme ça, c'est trop grave. »

Quand on voit quelqu'un qui a un problème physique, qui a de la fièvre et qui tousse par exemple, on va lui demander s'il est grippé et s'il est allé voir le médecin. Pour des problèmes de santé mentale, ce devrait être pareil. Si on voit à l'école, dans sa famille, dans ses activités quelqu'un avec les signaux dont on a parlé [voir page 37] – perte d'envie, somatisation… –, il faut le lui faire remarquer : « Tu m'inquiètes, tu n'as pas l'air d'aller bien. Est-ce que tu en as parlé à quelqu'un de confiance ou à un professionnel ? » Trop souvent, on fait comme s'il ne se passait rien pendant longtemps.

C'est une manière d'aimer cette personne que de lui dire qu'elle nous inquiète, et parfois, ce sera déterminant. Je le vois chez un certain nombre d'ados que je suis, par exemple une jeune fille qui m'a dit : « Je prenais un verre avec ma meilleure amie et elle m'a dit qu'elle m'aimait. Elle s'inquiétait pour moi. Ça a été un déclencheur, je me suis demandé ce que je pouvais faire pour ne pas me laisser aller comme ça, pour ne pas me laisser mourir à petit feu. »

Parfois, l'entourage n'en parle pas ou ne veut pas aller voir un professionnel par crainte qu'on donne des médicaments. Ça fait peur. On se dit que ça va faire de ces jeunes des zombies, qu'ils seront enfermés... Pourtant, la plupart des traitements se font en ambulatoire, c'est-à-dire qu'on n'a pas besoin d'être hospitalisé, et quand il faut prendre des médicaments, c'est à petite dose. Dans tous les cas, cette peur du traitement ne justifie pas de laisser un proche dans son mal-être.

Et surtout, le premier médicament va être la parole. Si on parle de dépression par exemple, la première thérapie, ça va être de parler, ou du moins de s'exprimer, ce peut donc être aussi via la musique, la danse, le psychodrame qui est une sorte de théâtre... Il y a aussi des thérapies qui se font à plusieurs, avec la famille. Pour l'anorexie, un des traitements qui marchent le mieux est la thérapie familiale, qui permet à la jeune fille ou au jeune garçon anorexique de retrouver un équilibre.

Tenir ses promesses

L'engagement envers les autres, enfin, c'est une forme de promesse. Tu t'engages à être là pour tes proches quand ils en auront besoin. Tu t'engages à respecter ta parole, qu'il s'agisse de garder pour toi des confidences, de rester fidèle en couple… Chaque prise de parole est un peu un engagement

Tenir tes promesses te permettra de créer un environnement de respect et de confiance pour entretenir des relations plus saines, plus durables.

J'en ai parlé plus tôt, mon premier copain m'a trompée plusieurs fois. Avec du recul, ce qui m'a le plus fait mal, ce n'était pas la tromperie en elle-même. C'était surtout l'engagement et la promesse qui n'avaient pas été respectés. Je me suis sentie utilisée, manipulée et prise pour une imbécile. Alors, oui, j'ai perdu confiance en moi parce que je passais mes soirées à me comparer aux filles avec qui il me trompait, mais me sentir trahie par une personne que j'aimais était encore plus douloureux.

Non seulement il avait rompu son engagement envers moi, mais aussi envers lui-même. Car une promesse, on ne la fait pas juste aux autres, on la fait aussi à soi-même.

La parole est un aspect fondamental de l'engagement. Essayons de parler avec intégrité, de dire ce que nous pensons vraiment, car notre parole n'est pas juste le fondement de nos relations. Elle peut aussi devenir un vecteur puissant d'inspiration et de mobilisation collective.

PARTIE 3

S’engager au quotidien pour rendre le monde meilleur

Toutes nos petites actions quotidiennes peuvent avoir un impact sur le monde qui nous entoure. Notre façon de nous déplacer, de nous habiller, de cuisiner n'est pas anodine. Certains achats seront plus respectueux de l'environnement et des travailleurs que d'autres, certains comportements font passer des messages aux gouvernements et aux entreprises.

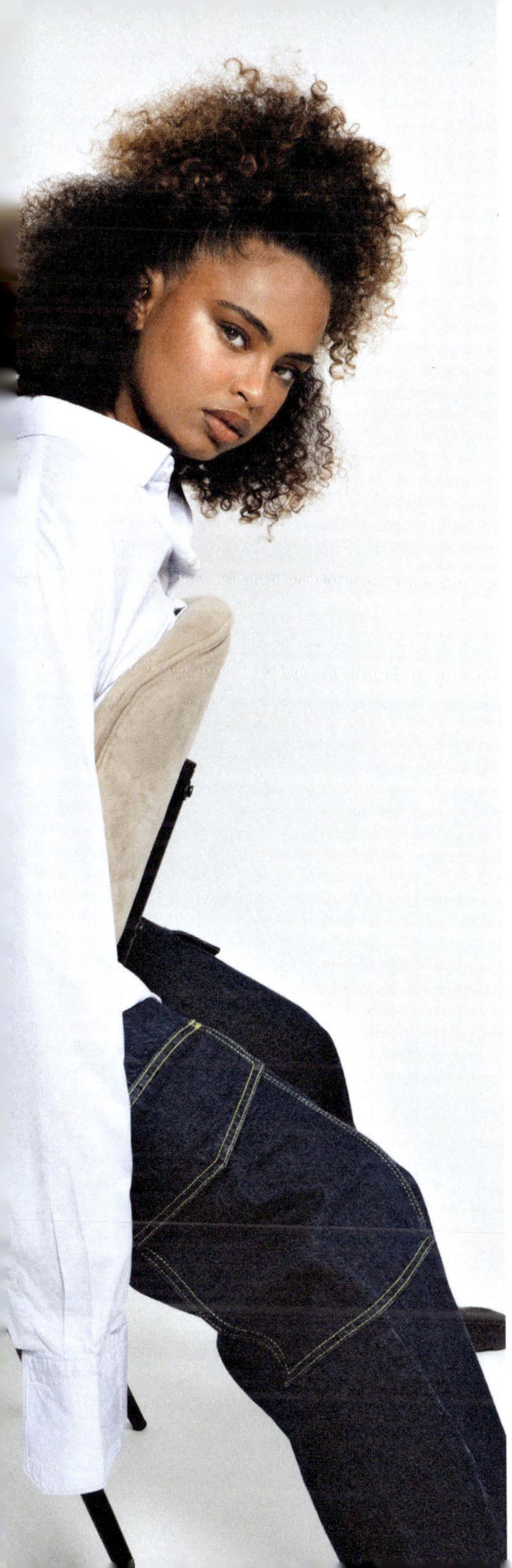

J'ai vraiment hésité à écrire ce chapitre, car on va beaucoup y parler d'écologie. Or, en raison de mon métier, je sais que je ne suis pas un modèle sur ce sujet : je prends très souvent l'avion, on m'offre beaucoup de vêtements, d'accessoires… Alors j'ai interrogé des amis ou des connaissances plus engagées que moi sur ces thèmes, car ça me tient à cœur de parler de tous les petits gestes qu'on peut faire pour la planète.

En parallèle, l'engagement au quotidien, ce sont aussi les gestes civiques, les dons… L'idée est surtout de commencer à agir à ton échelle, sans forcément rejoindre une association, car on peut être engagé dans tous les contextes et dans toutes les situations.

Petits gestes pour la planète

On le sait : le réchauffement climatique est une menace pour l'humanité et pour la planète, et nous pouvons, par nos actions, réduire notre impact sur le climat.

Toutefois, avant tout, j'aimerais clarifier un point important : si je parle ici des actions à entreprendre à l'échelle individuelle, la responsabilité de l'action climatique ne doit pas reposer sur l'individu seul. Je trouve parfois injuste qu'on nous mette tant de pression alors même que les entreprises et les États ont un rôle fondamental à jouer dans la lutte contre le réchauffement climatique – et bien plus de poids que nous tous ! C'est important de faire le tri, mais ça peut démotiver de voir de grandes industries rejeter leurs déchets toxiques dans l'eau. Les changements de comportements individuels ne suffisent pas si on ne change pas le système en parallèle !

Dans le même temps, on ne peut pas nier que changer nos comportements est un moyen de rendre visibles des problématiques. Par exemple, si de plus en plus de personnes achètent des produits éthiques/écologiques et de l'alimentation biologique, ça oblige les entreprises à répondre à cette demande, et l'État à accompagner les entreprises dans ces évolutions.

C'est pourquoi j'ai listé ci-dessous quelques actions qui sont faciles à mettre en place au quotidien. Tu en fais certainement déjà certaines – c'est mon cas alors même que je ne suis pas très écolo[8] ! – et tu trouveras peut-être d'autres idées à mettre en place, sans pression. Chacun fait ce qu'il peut, à son échelle et selon son lieu de vie.

Trier ses déchets

C'est sûrement l'un des gestes les plus simples à adopter. Il faut simplement s'organiser chez soi pour avoir suffisamment de poubelles (ou de sacs) pour ça :

- une poubelle pour les emballages en plastique ou en métal, les cartons et les briques alimentaires, le papier ;
- une poubelle pour le verre ;
- une poubelle pour les ordures ménagères ;
- et enfin, si c'est possible, une poubelle pour les biodéchets (restes et épluchures de fruits, de légumes, coquilles d'œuf, marc de café, thé…). Depuis le 1er janvier 2024, les collectivités locales doivent assurer une solution de tri de ces biodéchets (mise à disposition d'un bac de compostage ou collecte porte-à-porte par exemple), mais dans les faits, ce n'est pas encore le cas partout !

Si tu ne sais pas où mettre tel ou tel déchet, l'Agence de la transition écologique a un outil de recherche pour aider à s'y retrouver :

8. J'essaie toutefois de me tenir informée sur les questions écologiques. J'aime beaucoup @vert_le_media sur Instagram, un média engagé pour le climat et contre l'extrême droite.

Acheter en seconde main

On est super nombreux à utiliser des applis de seconde main pour trouver les vêtements ou les meubles que l'on recherche. Acheter d'occasion, c'est moins cher, mais aussi plus éthique et écologique : les vêtements neufs impliquent beaucoup d'émissions de gaz à effet de serre en raison des machines qui servent à produire le textile et du transport, et beaucoup d'ouvriers textiles sont dans une situation de grande précarité.

Évidemment, je ne suis pas la mieux placée pour critiquer l'industrie de la mode puisque j'en fais partie, mais tout n'est pas noir ou blanc. Comme plein d'autres personnes, j'achète des vêtements et accessoires sur Vinted et Vestiaire Collective, et je revends pas mal d'affaires sur Vinted en reversant tous les fonds collectés à l'association Aïda.

L'avantage des applications, c'est qu'on peut filtrer ses recherches et donc mieux trier, ça fait gagner du temps. Je ne suis pas du genre à fouiller pendant des heures dans les friperies, les vide-greniers ou les brocantes, mais pour ceux qui ont le courage, on peut y trouver de vraies pépites !

Acheter en seconde main peut aussi être un double engagement économique et social, quand on va chez Emmaüs par exemple. On y trouve des meubles, de la vaisselle, des vêtements, des livres, des vinyles… Bref, quasiment tout ce qu'on trouve dans une maison, à tout petit prix, et l'argent est utilisé pour le fonctionnement de l'association, qui aide les personnes victimes d'exclusion.

Réparer plutôt que jeter

Alors, là, clairement, on n'a rien inventé. Nos arrière-grands-parents le faisaient déjà ! Quand un objet était cassé, ils le réparaient, tout simplement. Ça fait maintenant des dizaines d'années que nous avons pris la mauvaise habitude d'acheter et de jeter (faute aussi aux industriels qui ne permettent pas toujours de faire réparer les produits, mais c'est un vaste sujet qui n'est pas celui du livre). Aujourd'hui, tu as même des aides de l'État quand tu fais réparer des objets. Ça peut être de l'électronique comme une télévision, un ordinateur, ou de l'électroménager comme une machine à laver (si tu veux en savoir plus, flashe le QR code).

Ce conseil vaut aussi pour les vêtements et accessoires : je fais souvent réparer des chaussures chez le cordonnier, et reprendre des pantalons ou autres chez un couturier. Si je savais coudre ou raccommoder, je le ferais moi-même, mais on en est loin… !

Manger autrement

On peut aussi agir pour l'environnement dans son assiette, par exemple en :

- Réduisant sa consommation de viande. Pas besoin de devenir végan ou végétarien, mais juste moins en consommer, et de meilleure qualité ! On ne s'en rend pas compte quand on voit un steak dans notre assiette, mais la production de viande demande des milliers de litres d'eau (plus de 15 000 litres pour 1 kg de viande de bœuf[9]) et 71 % des terres agricoles européennes sont utilisées pour la nourriture du bétail[10]. Donc, moins de viande dans l'assiette, c'est agir pour la planète.
- Achetant en vrac. En toute sincérité, je ne savais même pas ce que c'était, je l'ai découvert en faisant mes recherches ! L'idée est d'acheter ses produits sans emballage, en ne prenant que la quantité dont on a besoin pour limiter le gâchis. De plus en plus de magasins et même de grandes surfaces proposent des rayons de vrac.
- Privilégiant les produits locaux et les circuits courts (ça vaut aussi pour d'autres produits que l'alimentaire). Ça veut dire que tu choisis des aliments qui viennent de producteurs proches de chez toi. C'est plus ou moins facile selon où tu habites, mais une première étape pour manger plus local est de regarder le pays de production de ton produit. Un légume cultivé en France est plus écologique qu'un légume cultivé à l'autre bout du monde, tout simplement. Ensuite, selon ton budget et ta motivation, tu peux essayer d'aller te fournir directement auprès de producteurs, par exemple en rejoignant une AMAP (association pour le maintien d'une agriculture paysanne) qui te permet de récupérer régulièrement des paniers de fruits et légumes frais sans intermédiaire entre le producteur et toi.

---

9. Mekonnen, M.M. et Hoekstra, A.Y., « The green, blue and grey water footprint of farm animals and animal products », Value of Water Research Report Series n° 48, UNESCO-IHE, 2010.

10. Greenpeace , « Feeding the problem: the dangerous intensification of animal farming in Europe », 2019.

Se déplacer différemment

Le transport contribue beaucoup aux émissions de gaz à effet de serre. Si je suis une mauvaise élève à cause de l'avion, mon mode de vie me permet en tout cas d'éviter de prendre la voiture. À Paris et dans les autres grandes villes, c'est facile, on peut prendre les transports en commun, mais aussi circuler facilement à vélo, à trottinette ou même à pied. J'ai une trottinette électrique que j'utilise absolument tout le temps ! Bien sûr, selon où l'on habite en France, on n'est pas tous à égalité sur ce sujet.

J'essaie aussi autant que possible de prendre le train. La SNCF indique que voyager en TGV, c'est 50 fois moins de CO_2 émis que pour un voyage en voiture et 80 fois moins qu'en avion. Si je reste plus de deux jours dans un endroit et que le trajet en train dure moins de cinq heures, je prends le train plutôt que l'avion.

Quelques idées à retenir pour agir pour l'environnement dans ton quotidien

Je récapitule ici les idées vues juste avant et j'en ajoute d'autres. À toi de piocher dans ce qui t'inspire le plus :

- Consommer local
- Consommer bio
- Réduire ses achats
- Acheter en seconde main
- Acheter en vrac
- Manger même si la date de péremption est dépassée (selon les produits)
- Manger moins de viande
- Trier ses déchets
- Faire son compost
- Toujours ramasser et jeter ses déchets (mégots, bouteilles, emballages…)
- Utiliser l'eau de pluie pour arroser
- Éteindre les lumières inutiles chez soi
- Débrancher les prises non utilisées
- Covoiturer

- Pratiquer la mise en commun d'outils (tondeuse, perceuse…)
- Prendre des douches et non des bains
- Utiliser le mode Éco des appareils qui en disposent
- Faire ses lessives à 30 °C
- Choisir des transports moins polluants
- Rouler moins vite
- Fabriquer ses produits ménagers (sur Insta ou TikTok, il y a plein de vidéos qui t'expliquent comment faire hyper simplement)
- Fabriquer ses produits de beauté (attention à ne pas faire n'importe quoi pour éviter les réactions allergiques ou autre !)
- Chauffer sans excès
- Limiter l'usage de la climatisation
- Refuser la pub dans la boîte aux lettres

Et si tu veux aller encore plus loin, tu peux calculer ton empreinte carbone, qui mesure les émissions de gaz à effet de serre dues à tes actions quotidiennes. Ça peut te permettre de cibler ce sur quoi tu peux agir pour avoir le plus d'impact. Moi, je sais déjà ce que c'est… l'avion et les vêtements neufs ! Le métier de créatrice de contenu n'est pas le plus écologique, mais écrire et réfléchir sur ce thème me donne envie de mettre en place de petites actions.

Obtiens une estimation de ton empreinte carbone de consommation.

PORTRAIT DE JEUNE ENGAGÉE

Je m'appelle Célia, j'ai 18 ans et je suis en deuxième année de droit. Je suis passionnée par la lecture, par la découverte et le voyage ; ce sont des choses qui me rendent heureuse et qui me permettent de m'enrichir.

L'envie d'agir pour la planète est dans ma tête depuis que je suis petite. J'ai toujours voulu contribuer à la préservation de l'environnement, même par de petites actions. Cette opportunité s'est présentée en seconde quand notre professeur principal a annoncé l'élection d'éco-délégués. Ce sont des élèves de collège et lycée qui mènent des projets de sensibilisation et de mobilisation pour la cause environnementale. Je me suis présentée et j'ai été élue durant mes trois années de lycée !

Nous avons notamment verdi notre lycée en plantant des graines et mis en place un projet anti-gaspillage à la cantine, en sensibilisant les autres élèves sur le gaspillage alimentaire et en proposant des aliments non consommés. J'ai aussi organisé une *clean walk* (une sortie de ramassage de déchets en ville), seule et en une semaine. J'avoue en être fière : ça a demandé beaucoup de travail, mais j'ai eu la chance d'être soutenue par les professeurs et la mairie.

En parallèle, au lycée, j'ai commencé à changer mes habitudes de consommation pour réduire mon empreinte écologique. Je souhaitais devenir végétarienne depuis longtemps, mais ma famille mange beaucoup de produits animaux. Alors, j'y suis allée progressivement : d'abord la viande, puis le poisson. Ça m'a aidée à rendre mon idée concrète.

J'essaie également de favoriser des produits issus de l'agriculture biologique ou de circuits courts et je trie tous mes aliments et mes déchets. Je suis toutefois loin du « zéro déchet », car cet objectif est compliqué à atteindre !

Pour ce qui est des vêtements, je n'en achète que quand j'en ai besoin et si possible en seconde main, que ce soit en friperie ou sur l'application Vinted. Lorsque je ne trouve pas ce que je cherche, je me tourne vers des marques *made in* Europe. Cela fait maintenant deux ans que je boycotte des marques de *fast fashion* dont j'étais avant une grande consommatrice. La *fast fashion*, c'est le renouvellement rapide de collections, qui pousse l'acheteur à porter les vêtements sur une courte durée et à toujours en acheter d'autres pour suivre les tendances. C'est catastrophique au niveau environnemental, sans évoquer les conditions de travail ! Boycotter les grandes marques est donc une vraie forme d'engagement. Mais, encore une fois, je ne suis pas parfaite, j'ai par exemple des meubles de *fast furniture* (pas conçus pour durer, produits massivement et engendrant une pollution considérable).

Au niveau des transports, j'utilise le vélo au quotidien et j'essaie toujours de privilégier le train pour mes déplacements, mais il m'arrive encore de prendre l'avion. L'engagement écologique se fait petit à petit, et ce n'est pas toujours simple de concilier ses convictions, ses envies et celles de son entourage. Par exemple, je boycotte les croisières, étant donné que ces bateaux polluent énormément et qu'ils perturbent l'écosystème marin. Or, pour ma famille, ça veut dire organiser différemment leurs vacances !

célia

La plupart de mes proches comprennent et acceptent mes choix, mais j'ai été confrontée au changement de regard de certaines personnes. Pour elles, je ne suis plus la Célia d'avant ou la Célia normale, car une personne « normale » passe de grosses commandes de vêtements, consomme de la viande… Je dois régulièrement débattre. À force, on s'y habitue, mais c'est parfois fatigant de se faire juger pour des choix et des convictions.

Ça fait donc du bien de me retrouver avec des personnes qui partagent ces convictions. Je fais partie d'un groupe local de Greenpeace, une organisation qui agit pour protéger l'environnement et la biodiversité selon le principe de non-violence. Avec les cours et les examens, je n'ai pas le temps de participer à toutes leurs actions et activités, mais j'assiste aux réunions et ça me permet d'échanger avec des personnes engagées. Quand j'aurai plus de temps, j'aimerais tenir des stands de sensibilisation.

Je pense que ce qui a changé pour moi depuis que je suis engagée, au-delà du regard des autres, c'est mon regard sur le monde. Une fois qu'on se soucie de l'environnement, chaque détail attitre notre attention : une voiture qui émet beaucoup de fumée, un mégot par terre. Pour certains, ce n'est rien, car un seul mégot ne va pas tuer la planète. Mais pour moi, le ramasser, c'est une petite pierre apportée à l'édifice.

S'engager pour l'environnement, ça peut juste prendre quelques minutes. On peut simplement ramasser des déchets sur la plage pendant ses vacances au lieu de bronzer allongé au soleil – et on bronzera quand même débout ! Recycler prend moins d'une minute, consommer de la seconde main est facile et revient moins cher qu'acheter du neuf, prendre des douches moins longues fait gagner du temps et de l'argent…

Aujourd'hui, mon objectif est de cesser totalement ma consommation de neuf et d'arrêter de prendre l'avion, même si mon amour pour le voyage fait que ce sera difficile pour certains pays, inaccessibles en train. J'envisage également de mettre un compost dans mon jardin.

Je ne suis pas sûre du métier que je souhaite faire plus tard, mais je suis intéressée par le droit de l'environnement : cela me permettrait de contribuer plus encore à la cause environnementale !

Des actions simples et engagées tous les jours

En dehors de l'écologie, on peut aussi agir tous les jours pour un monde meilleur grâce à des gestes simples. Tu fais sans doute déjà des actions de la liste ci-dessous. Ça te prouve que tu es déjà engagé·e !

Gestes civiques

Être respectueux des personnes qui nous entourent, évidemment, c'est la base. Cependant, on ne va pas se mentir, on peut se laisser aller à l'égoïsme… Disons le mot et reconnaissons que ça nous est tous déjà arrivé. Alors, un petit rappel sur des règles élémentaires de politesse, des gestes simples et quelques idées généreuses bonus :

- Laisser sa place dans les transports en commun
- Laisser passer dans une file d'attente une personne âgée ou enceinte ou en situation de handicap
- Tenir la porte à un inconnu

- Sourire à un inconnu
- Proposer un bout de parapluie à la personne qui marche dans la même direction que soi et qui n'en a pas
- Donner un peu d'argent, de la nourriture ou son doggy bag à un sans-abri, lui sourire et lui parler
- Acheter des croquettes pour les chiens des sans-abri
- Donner ses affaires inutiles plutôt que de les vendre ou les jeter
- Aider une personne âgée à marcher dans la rue, lui porter un sac…
- Aider une personne qui a l'air de chercher sa route
- Payer un café suspendu (c'est une tradition napolitaine qui consiste à payer un café qui sera mis « en attente » et offert à une personne dans le besoin qui en fera la demande), ou une baguette suspendue à la boulangerie
- S'impliquer dans la vie de son quartier

Le don du sang, de plasma et de plaquettes

Encore une fois, je ne suis pas un modèle ici, car je ne l'ai jamais fait. Je n'ai pas particulièrement peur des piqûres, mais je n'ai juste pas le réflexe de prendre rendez-vous dans un centre !

En effet, c'est une action à laquelle on ne pense pas forcément quand on parle d'engagement, et qui a pourtant un impact fondamental sur la société et sur autrui. Le don du sang permet de recueillir trois composants essentiels pour aider les malades : globules rouges, plaquettes et plasma. Il sert aux transfusions sanguines et à la recherche médicale. Il est aussi possible de faire uniquement un don de plasma ou de plaquettes.

Si tu veux faire un don du sang, sache qu'il faut que tu sois majeur·e, sauf cas d'urgence. Il peut aussi y avoir des critères médicaux excluants pour protéger le donneur et le receveur. Le jour où tu vas donner ton sang, tu t'entretiens avec un personnel médical qui vérifie l'absence de contre-indication et si tu as bien laissé un délai minimum entre deux dons (entre deux et huit semaines selon les cas).

Tu peux avoir toutes les informations utiles ici :

Tu as peut-être peur des piqûres ou de te sentir mal après, mais sache que le personnel médical est là pour s'assurer que tout se passe bien pour toi. Normalement, après le don du sang, tu ne dois pas avoir d'effets secondaires. Cependant, il faut éviter de faire des activités trop physiques, de rester debout trop longtemps ou encore de conduire sur un long trajet par exemple.

Utiliser Internet pour soutenir des causes

Un moyen encore plus simple d'avoir un impact au quotidien est d'utiliser Internet avec le bon moteur de recherche. Si Google est le plus connu, il existe plein d'acteurs qui ont voulu proposer des alternatives qui te permettent de donner à des associations chaque fois que tu fais des recherches :

- Lilo : tu gagnes des gouttes d'eau que tu peux ensuite distribuer en don à l'association de ton choix.

- Ecosia : 80 % des recettes publicitaires du moteur sont reversées pour la reforestation dans le monde.
- Ecogine : ce moteur de recherche associatif a été créé par des étudiants de Polytech'Nantes. Il reverse ses revenus publicitaires à des associations choisies par les internautes. En plus, il s'engage à compenser le CO_2 qu'il consomme et à utiliser une électricité d'origine renouvelable.

Il y a des dizaines et même des centaines de façons d'agir tous les jours pour la planète et pour la société. Peut-être que tu te demandes si tous ces petits gestes sont vraiment utiles. Comme je l'écrivais en introduction dans ce chapitre, il n'y a pas d'action inutile : tout changement de comportement est un signal envoyé aux gouvernements et aux entreprises.

C'est la fameuse histoire du colibri : alors qu'un incendie ravage la forêt, le colibri est le seul qui essaie de l'éteindre en apportant de l'eau goutte à goutte avec son bec. Les autres animaux, pétrifiés, lui demandent pourquoi il fait ça, car c'est inutile. Il répond : « Je fais ma part. » Nous sommes tous des colibris, nous faisons notre part grâce à chacune de nos actions.

On n'est jamais trop petit pour faire une différence.

Greta Thunberg

PARTIE 4

S'engager par la prise de parole pour sensibiliser aux causes qui comptent

Je pense qu'on a tous des causes à défendre, des situations qui nous indignent dans la société. Moi, entre autres, ce sont les enfants malades, le racisme et la santé mentale, parce que ce sont des causes qui me parlent, qui me concernent, vis-à-vis de ce que j'ai vécu. Pour toi, ce sera peut-être la cause animale, l'environnement, l'égalité femmes-hommes...

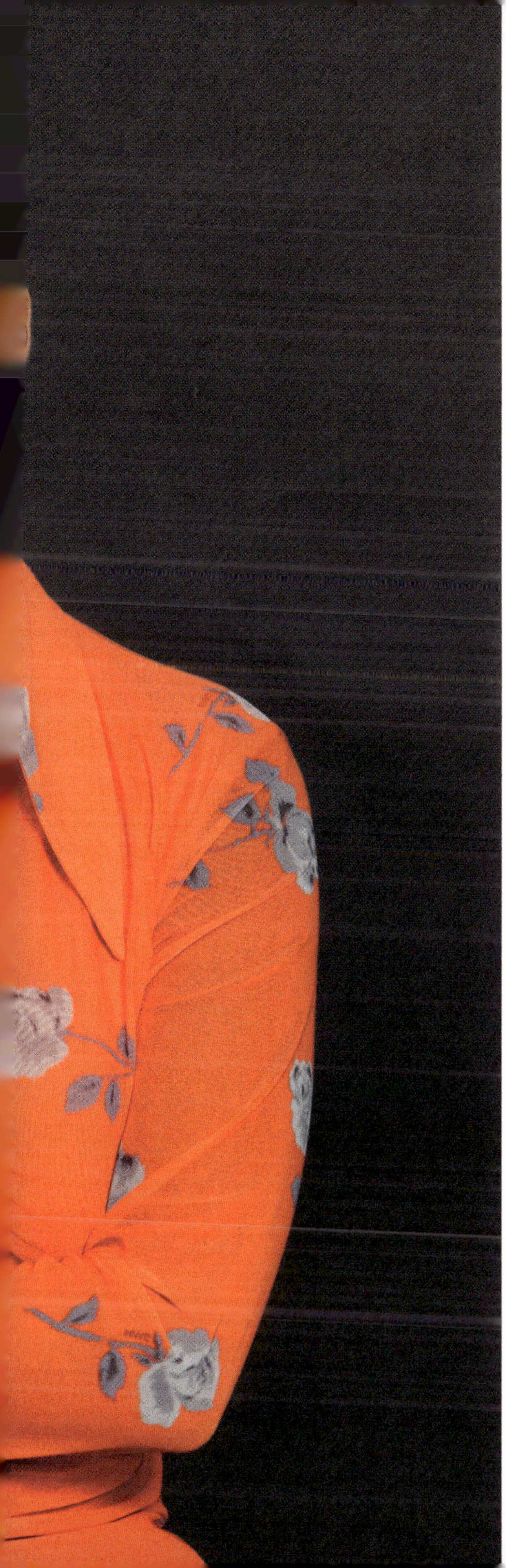

On pourrait penser que c'est facile pour moi de prendre la parole sur ces sujets parce que je suis très suivie, donc, quand je m'exprime, de nombreuses personnes vont être touchées. C'est d'ailleurs ce qui me pousse à parler des sujets qui me touchent, car je vois l'écho que ça peut avoir.

Prendre la parole n'est toutefois pas uniquement réservé aux personnes connues dans les médias ou sur les réseaux sociaux. Toute prise de parole a un impact : peut-être qu'en t'écoutant, un proche va changer d'avis sur un sujet de société. Peut-être qu'une amie va se sentir mieux et se dire qu'elle n'est pas seule. Toutes les voix comptent !

Quelles causes te touchent ?

Je pense qu'on a tous des sujets de révolte ou d'indignation. Pour mieux connaître tes combats, il est important d'apprendre à être attentif·ve à tes émotions. Essaie de noter les moments où tu as ressenti une émotion forte de tristesse ou de colère pendant une discussion, en assistant à une scène dans la rue…

Ma première confrontation avec les violences conjugales

Quand j'avais 12 ans, j'ai été témoin d'une scène qui m'a beaucoup choquée. J'étais au centre commercial de La Défense avec ma meilleure amie Sirine et sa grande sœur. Il était presque 20 heures, on allait partir.

Près de la sortie, on a entendu des cris qui venaient d'un photomaton. Une femme y était assise, en larmes, et criait sur un homme un peu plus loin. Elle était défigurée, la lèvre explosée. L'homme la menaçait de violences physiques en réponse à ses cris. Je me rappelle croiser le regard de Sirine, qui était tétanisée. J'avais peur aussi : on voulait aider cette femme, mais on n'osait pas puisque l'homme qui l'avait frappée était juste à côté.

Plein de gens passaient, et personne ne faisait rien. Alors on a commencé à agir : la sœur de Sirine a appelé un agent de la sécurité pendant qu'on demandait des mouchoirs pour que la femme puisse sécher ses larmes. L'homme a fini par partir. On avait

12 et 15 ans et on a été les seules à aider une femme qui venait de se faire frapper. Ce n'était pas grand-chose, juste des mouchoirs et un appel à l'aide. Je ne comprenais pas l'indifférence des gens.

Quand la femme a fini par s'apaiser, nous l'avons emmenée au commissariat le plus proche du centre commercial, mais elle n'a pas voulu y entrer. « Faut que j'y retourne, il m'attend, il ne recommencera plus. » On ne comprenait pas. J'allais découvrir bien plus tard la difficulté pour une victime de quitter un partenaire violent.

Tu as peut-être tellement de causes en tête que tu te dis que tu ne peux pas être sur tous les fronts, alors tu n'en défends aucune faute de savoir par où commencer. C'est vrai qu'il est compliqué d'établir une hiérarchie des causes à défendre, car chaque combat est vraiment important. En s'éparpillant trop, on peut se fatiguer et se démotiver, ou avancer trop lentement.

Pour choisir un ou deux sujets précis, voici quelques questions que tu peux te poser :

- Quelles causes veux-tu défendre ?
- Pourquoi ?
- Y en a-t-il une qui est objectivement plus importante, qui a un caractère d'urgence ?
- Y a-t-il un sujet pour lequel un de tes proches est déjà engagé ?
- Y a-t-il une cause pour laquelle tu as déjà en tête des cadres de prise de parole ou d'action (manifestations ou marches régulières, groupes de parole, lieux de débats, collages…) ?

Une fois que tu as en tête ta cause prioritaire, fais des recherches sur le sujet. Ça va t'aider à comprendre l'histoire de la cause, ses évolutions et les différentes opinions sur le sujet. D'ailleurs, je t'encourage à lire ou à regarder des contenus qui vont dans le sens de ton opinion, mais aussi à l'opposé, pour pouvoir affiner tes arguments.

Mieux maîtriser ton sujet te permettra aussi de faire taire tous ceux qui critiquent notre génération et qui ne nous prennent pas au sérieux. On ne va pas se mentir, vouloir s'engager quand on est jeune, ça peut être compliqué. Personnellement, j'ai souvent remarqué que, sur les réseaux sociaux, les gens me parlent mal quand je défends des causes. Et on ne compte plus les adultes qui, à chaque grève lycéenne ou étudiante, rappellent aux jeunes qu'ils feraient mieux d'aller en cours plutôt que de manifester.

Alors, ne les écoute pas et agis, parle pour leur prouver que tu as une opinion et que tu es engagé·e.

Il y a deux ans, mon père m'a offert le livre *Réveillons-nous !* d'Edgar Morin[11]. Il nous encourage à nous réveiller face à la crise que nous traversons en France et dans le monde, une crise de l'humanité et de la pensée. J'ai été surprise de voir que les propos d'un monsieur de 100 ans me parlaient, à moi, jeune fille de 18 ans (à l'époque où je l'ai lu). Ce livre m'a confortée dans l'idée que j'avais le droit de donner mon avis, d'exprimer mes idées et mes opinions.

11. Denoël, 2022.

Nous ne pourrons éliminer
le malheur ni la mort,
mais nous pouvons
aspirer à un progrès
dans les relations entre
humains, individus,
groupes, ethnies, nations.
Le renoncement au
meilleur des mondes n'est
nullement le renoncement
à un monde meilleur.

Extrait du livre *Réveillons-nous !* d'Edgar Morin

Où prendre la parole ?

Savoir quelle cause on souhaite défendre, c'est bien, mais on peut vite se sentir seul. Ça fait vraiment peur de commencer à dire ce que l'on pense à voix haute ou à l'écrit. Pourtant, tu le fais déjà dans ton quotidien !

En famille

Un des premiers endroits où débattre et discuter est bien sûr avec son entourage proche. On peut éveiller nos parents à plein de choses !

Au lycée, j'avais un prof d'Histoire-géo génial, très engagé. Je me rappelle notamment qu'il récoltait des crèmes solaires et des chapeaux pour les enfants albinos en Afrique. Il cherchait toujours à apprendre, à instruire sur de nouveaux sujets, et nous racontait que sa fille lui apprenait plein de choses sur les questions de genre et de sexualité.

« Éduquer » ses parents

Chez moi, on a toujours beaucoup débattu en famille. Mon père a une grande culture politique et il est engagé et déjà éveillé sur plein de thèmes. Toutefois, il y a forcément des aspects de sa pensée ou de sa façon de parler qui sont marqués par sa génération.

Par exemple, il va dire « black » pour parler d'une personne noire (à vrai dire, même ma mère dit « black », alors qu'elle est noire !). J'ai beaucoup parlé de ça avec lui, pour lui expliquer que ce n'est pas un mot tabou, qu'on peut dire « un Noir » et qu'il n'y a rien de violent ou de vulgaire. On a souvent des discussions sur tout un tas de thèmes liés au racisme, notamment les violences policières, et je vais lui apprendre et lui montrer des choses grâce à toutes les personnes engagées que je suis sur les réseaux[12].

Entre amis

Avec mes amis, on n'a pas forcément la même culture ou le même vécu, donc on peut avoir des idées différentes sur des sujets d'actualité. On en débat souvent ensemble, mais nos idées ne sont pas totalement à l'opposé les unes des autres sur des sujets comme l'immigration ou l'égalité femmes-hommes. Qui se ressemble s'assemble !

En écrivant, je me demande d'ailleurs s'il est possible d'être proche de quelqu'un dont les opinions politiques sont totalement différentes. Je ne vais pas dire que c'est rédhibitoire, mais ce peut être très dérangeant. En effet, les opinions disent quelque chose des valeurs de la personne qui les défend.

En toute honnêteté, je n'ai pas une grande culture politique, mais je me positionne tout simplement dans quelque chose d'humain, dans l'amour pour les autres. Donc ça m'attriste

12. Je recommande le podcast *Kiffe ta race* de Rokhaya Diallo et Grace Ly qui explore les questions raciales.

énormément quand je vois des personnes qui partagent sur les réseaux sociaux des clichés sur certaines minorités culturelles et religieuses, voire de la haine envers elles.

Or ça m'est arrivé de rencontrer des amis d'amis, des gens en soirée avec qui je vais rigoler et m'amuser avant de découvrir, quelques jours plus tard, qu'ils tiennent sur les réseaux sociaux des propos qui me choquent et avec lesquels je suis profondément en désaccord. Comment faire dans ces cas-là ?

On peut ne pas parler de politique, être dans le déni en quelque sorte. Ça peut marcher avec des gens que l'on voit peu, mais à partir du moment où on se rapproche, où on discute plus souvent, les sujets de désaccord vont forcément émerger. Il y aura alors pour moi deux solutions. Soit ce sont des gens avec qui il est possible de discuter, de débattre, et on fait ensemble un effort rationnel pour comprendre l'autre. Soit il n'y a pas de rationalité derrière les arguments, les opinions relèvent de la haine pure, et dans ce cas je ne vais pas me battre. Aucune envie d'être amie avec ce genre de personne !

Les idées racistes, homophobes, islamophobes, antisémites (ou n'importe quelle forme de haine envers autrui) sont d'autant plus choquantes dans la bouche des jeunes. Quand j'entends quelqu'un de vieux tenir des propos haineux, je me dis qu'il a été éduqué avec ces idées et que c'est en quelque sorte trop tard, il ne changera jamais. Alors qu'un jeune a grandi dans un monde plus ouvert, plus éveillé. S'il fait le choix de la haine malgré toutes les ressources à notre disposition, malgré toutes les personnes qui se battent pour un monde plus juste, c'est grave et dangereux.

Sur les réseaux sociaux

Les réseaux sociaux sont un espace de liberté incroyable. Où que tu te trouves dans le monde (à l'exception de certains pays), tu peux t'exprimer sur le sujet de ton choix, de la manière dont tu le souhaites et tu peux même toucher des milliers, voire des millions de personnes.

« Tout engagement génère des compromis, et il est évidemment beaucoup plus facile de rester soi-même en ne faisant rien. »

Ethan Hawke

Notre génération est très critiquée par les générations précédentes : trop sur les écrans, pas assez de culture, trop égocentrée… Et pourtant, nous sommes la génération de la liberté d'expression. Grâce aux réseaux sociaux, tout le monde peut trouver sa place et s'identifier. Nous nous assumons physiquement, sexuellement, mentalement et moralement. Internet peut être un lieu refuge quand on a du mal à se faire entendre.

Toutefois, quand on commence à s'exprimer sur les réseaux sociaux, on se retrouve aussi confronté au regard d'autres personnes qui posent un jugement sur tout ce que l'on fait.

Ce qu'il faut se dire, c'est qu'on ne peut pas contrôler ce que les autres vont penser et encore moins ce qu'ils vont dire. Je me fiche de ce que pensent les gens si je suis sûre de mes convictions et de mes valeurs. C'est ce qui compte.

Ce qu'il faut savoir aussi, c'est que, de toute façon, peu importe ce que tu fais sur les réseaux, même si tu sauves le monde et que grâce à toi il n'y a plus de famine, il y aura toujours des gens qui trouveront un moyen de te critiquer en disant que tu n'es pas légitime, que tu n'es pas la bonne personne pour le faire, que tu ne le fais pas comme il faudrait. Ce sont d'ailleurs souvent ceux qui ne font rien qui critiquent.

Pour donner un exemple, j'ai décidé de parrainer des enfants du Togo pour qu'ils aient accès aux soins de santé et à l'éducation. Lorsque j'ai partagé cette information sur mes réseaux pour inspirer ceux qui voudraient faire pareil, j'ai reçu des critiques. On m'a reproché de faire autre chose que mon travail initial – la mode, l'influence – et on m'a dit que ce n'était pas mon rôle, alors que je voulais juste aider.

Sur les réseaux, comme dans la vie, c'est normal que les gens ne soient pas toujours d'accord ou aient des idées différentes. Il faut savoir faire la différence entre les critiques négatives et les critiques constructives. Si tu prends la parole en ligne, l'important est que tu sois au clair sur qui tu es, tes valeurs et tes principes.

N'attends jamais l'approbation des autres pour porter ton message : sortir du silence fait changer les choses ! Parler encouragera toujours d'autres personnes à faire de même. Par exemple, sur les réseaux sociaux, nous avons été nombreux, influenceurs ou non, à dénoncer les frappes meurtrières à Gaza et à partager des liens vers des cagnottes pour soutenir les familles de réfugiés palestiniens.

Bien sûr, il ne faut pas juste partager pour partager. Quand on voyait Black Lives Matter partout en 2020, ou plus récemment All Eyes on Rafah dans toutes les *stories*, certains ont eu l'impression que c'était juste un mouvement de mode. Or on ne parle pas de mode ici, mais de vies humaines. Il faut toujours s'informer sur le sujet dont on parle, et ne pas redevenir silencieux sous prétexte qu'il n'est plus au cœur de l'actualité.

Dans des lieux physiques

Il existe divers lieux où rencontrer des personnes avec qui débattre, apprendre, réfléchir à des moyens de faire avancer la cause que tu défends : groupes de parole, groupes politiques, conférences, cafés-débats, manifestations, associations… Je parle davantage des associations et de comment les choisir dans le chapitre 5. À toi de voir dans quels lieux tu te sens à l'aise pour t'exprimer.

Dans un parti politique

Si tu veux aller plus loin dans ton engagement, tu peux aussi t'engager en politique et devenir bénévole d'un parti. Avant, c'était plutôt la norme de l'engagement chez les jeunes, mais aujourd'hui, on s'engage davantage en tant que consommateurs ou citoyens. Toutefois, il existe des branches jeunesse pour chaque parti politique.

Tu peux alors être amené·e à prendre la parole lors de manifestations ou de rassemblements, à exprimer tes opinions dans des débats, des conférences ou des colloques, à débattre, à réfléchir aux actions possibles lors de réunions politiques locales, régionales, voire nationales de ton parti.

Tu peux aussi intégrer le syndicat des lycéens ou l'un des syndicats étudiants de ton établissement d'études supérieures : beaucoup d'hommes et de femmes politiques sont passés par ces syndicats !

Petit aparté politique : sans même parler de nous engager dans un parti, n'oublions pas que nous pouvons faire entendre notre voix grâce au vote ! Parfois, on a l'impression de ne pas compter, mais chaque vote a son importance. Informons-nous, renseignons-nous sur les partis et leur programme, et votons pour décider de l'avenir de notre pays et de notre génération, pour nous battre contre la xénophobie, contre l'intolérance et contre l'extrême droite qui est là pour nous diviser et de plus en plus dédiabolisée.

Le féminisme : un sujet auquel j'ai été éveillée grâce à des prises de parole

Quand j'étais plus jeune, je pensais que les féministes étaient des extrémistes. J'ai compris en grandissant qu'être féministe, ce n'était pas dire que les femmes sont meilleures que les hommes ou qu'elles devraient être supérieures. C'est au contraire soutenir et défendre l'égalité entre les femmes et les hommes, estimer que tous les genres méritent les mêmes droits, les mêmes opportunités et le même respect. C'est aussi simple que ça.

C'est grâce à des personnes formidables et engagées comme Charlotte Abramow, Diariata N'Diaye ou Victoire Tuaillon[13] que ma pensée a peu à peu évolué. Aujourd'hui, je pense qu'être féministe devrait être la norme, que l'on soit une femme ou un homme !

---

13. Je recommande son podcast *Les Couilles sur la table*, car le féminisme, c'est aussi questionner la virilité et les masculinités !

La sororité

Le féminisme peut prendre de multiples formes, et notamment la sororité, c'est-à-dire la solidarité entre les femmes, l'entraide, la considération. Cela implique notamment de ne pas nous nuire les unes aux autres, de ne pas nous rabaisser ou nous mépriser mutuellement, mais au contraire de nous soutenir.

Mes amies sont des femmes fortes, de vraies sœurs pour moi, mais la sororité n'est pas partout. Alors même que ma communauté est majoritairement féminine, j'ai toujours droit à des critiques, à du mépris, voire à des insultes sur les réseaux sociaux – le pire ayant été durant ma prise de poids. Le rapport au corps est toujours très compliqué quand on est une femme exposée. Il y a une limite à ne pas franchir avec les kilos : quelques kilos de plus avaient fait de moi une belle fille à l'adolescence, mais quelques kilos de trop m'ont valu des torrents de haine.

« Petite grosse »

J'ai le syndrome des ovaires polykystiques (SOPK), une maladie hormonale dont les symptômes peuvent être l'acné, une pilosité plus importante ou encore la prise de poids. Ça a été mon cas : j'ai commencé à mes 16 ans à gonfler de partout sans raison, et j'ai pris dix kilos en quelques mois. Je ne me rendais pas forcément compte que j'avais grossi, mais Internet me l'a fait comprendre. Je recevais des tas de messages et lisais des centaines de commentaires comme quoi j'étais grosse, comme quoi j'étais belle quand j'avais 15 ans, mais que c'était fini… Je me rappelle notamment de messages assassins après le festival de Cannes en 2021. Je portais une robe qui ne me mettait pas forcément en valeur et j'ai eu droit à : « C'est une petite grosse, elle est enceinte, elle n'est pas belle. » C'était horrible.

Je suis entrée dans une période où je voulais retoucher toutes mes photos Instagram. Je voulais retoucher mes bras, retoucher mes fesses, retoucher mon ventre. J'étais devenu addict à la retouche, alors que je ne le faisais jamais avant, juste pour plaire à des gens que je ne connaissais même pas.

Je me sentais hyper mal à l'aise dans mon corps. Le problème, surtout, c'est que je ne savais pas si je n'aimais pas mon corps personnellement, ou si je ne l'aimais pas à cause du regard des autres. Je ne pense pas qu'il y ait de mal à vouloir changer son corps – si on se trouve trop grosse, on peut faire du sport, si on se trouve trop maigre, on peut essayer de prendre du poids – tant que c'est pour se faire plaisir à soi, pour répondre à un objectif personnel. Or, moi, je ne savais même plus ce que je voulais pour mon propre corps.

Il n'existe pas de traitement pour guérir le SOPK, mais j'ai fini par perdre du poids en changeant de pilule et en faisant un rééquilibrage alimentaire. C'était pour me plaire à *moi*. Je ne peux pas dire que je me fiche du regard des autres aujourd'hui, mais cette transformation physique était vraiment personnelle et j'en ai été contente.

Attention : je ne dis pas que seules les femmes ont critiqué mon physique, mais je pense qu'on souffre déjà toutes suffisamment du regard des hommes dans la société pour ne pas se rabaisser mutuellement. Les femmes sont toujours objectifiées, réduites à des parties de leur corps, à leur caractère sexuel. Je me rappelle mon ex totalement matrixé par Instagram, par les photos des Kardashian et des Jenner, la taille hyper-fine, les fesses énormes.

D'un autre côté, entre femmes, on se compare beaucoup. Il y a souvent des débats sur qui est la plus « fraîche », sur qui a le plus beau corps. On se crée des complexes sur les réseaux sociaux alors qu'ils ne sont pas représentatifs de la réalité et qu'on sait qu'il n'y a pas de corps parfait, qu'on est toutes uniques et belles à notre manière, qu'on veut toujours ce qu'on n'a pas.

On a déjà tant de pression sur notre apparence physique (et sur bien d'autres choses !), alors pourquoi se faire du mal les unes aux autres ?

La lutte contre les violences faites aux femmes

L'engagement féministe implique également de soutenir des causes variées : ce peut être la promotion de l'égalité salariale entre les genres ou des études dites « masculines » pour les filles (l'ingénierie par exemple), une meilleure répartition de la charge mentale et des tâches ménagères, la lutte contre le harcèlement sexuel… Il peut prendre d'autres formes dans d'autres pays ou cultures, comme la lutte contre l'excision, un acte extrêmement violent qui consiste à mutiler les organes génitaux des femmes.

La cause féministe qui me touche le plus est la lutte contre les violences physiques et sexuelles. Comme je l'ai raconté plus tôt, j'ai été témoin de violences physiques alors que j'avais 12 ans, puis j'en ai moi-même été victime dans ma première relation amoureuse. Pour ce qui est des violences sexuelles, c'est le mouvement #MeToo qui m'a révélé l'ampleur du problème.

Voir ces milliers et milliers de tweets a libéré la parole dans mon entourage également. La plupart des agressions sont commises par des personnes proches, parfois par le partenaire. Parler de ses relations amoureuses avec ses amies, c'est s'engager pour la cause féministe, pour que toutes les femmes vivent des relations saines et heureuses. C'est peut-être même sauver la vie d'une femme qui se ferait maltraiter physiquement, verbalement ou mentalement par son compagnon.

Avec mes amies, nous osons beaucoup plus parler entre nous de nos relations amoureuses, de notre sexualité. Ça nous permet de nous rendre compte qu'on n'est pas seules et ça nous aide à mettre des mots sur ce qu'il se passe vraiment.

MeToo : les femmes prennent la parole

Le mouvement **#MeToo** est un mouvement social sur les réseaux sociaux qui dénonce les situations de harcèlement et d'agression sexuelle vécues par les femmes.

Le hashtag **#MeToo** a été créé par Tarana Burke (militante américaine, directrice des programmes de l'organisation Girls for Gender Equity) en 2006 pour constituer une communauté d'entraide et de soutien pour les survivantes de violences sexuelles, en particulier les femmes afro-américaines.

Le mouvement **#MeToo** prit une ampleur mondiale en octobre 2017 lorsque Alyssa Milano (actrice, productrice, activiste et militante américaine) utilisa le hashtag sur Twitter. Elle encouragea les femmes à partager leurs histoires de harcèlement ou d'agression sexuelle en réponse aux révélations d'abus sexuels impliquant le producteur de cinéma Harvey Weinstein (par la suite, reconnu coupable par la justice).

Ce mouvement a permis aux victimes de briser le silence et de demander justice. Il a aussi mis en lumière l'ampleur du problème et a contribué à une prise de conscience sur les questions de consentement, de respect et de relations saines.

Le mouvement #MeToo est intimement lié à l'industrie du cinéma. Sur les plateaux, plus d'efforts sont aujourd'hui déployés lors du tournage de scènes intimes : équipes réduites, coordinateur d'intimité… Cela montre que la libération de la parole peut avoir des changements concrets. Toutefois, le chemin à parcourir est encore long !

Briser le silence

Alors que nous discutions à une soirée, une amie nous a raconté qu'un soir, elle était rentrée chez elle pour un after avec sa colocataire et d'autres amis, parmi lesquels un garçon avec qui elle avait déjà eu des relations sexuelles. Elle avait beaucoup bu et a donc décidé d'aller se coucher et de laisser les autres finir la soirée dans le salon.

Elle s'est réveillée au milieu de la nuit parce qu'elle sentait que quelqu'un était dans son lit, sur elle. Elle était totalement dans les vapes, alcoolisée, et ce garçon avec qui elle avait déjà couché était en train de la pénétrer. Elle n'était même pas en état de se débattre, elle comatait.

Le lendemain, quand elle s'est levée, il était encore dans le salon. Ça la dérangeait énormément, mais elle ne lui en a pas parlé. Elle culpabilisait beaucoup quand elle nous a raconté ça, parce qu'elle expliquait qu'elle l'avait ensuite revu, qu'ils avaient même recouché ensemble, mais qu'elle développait peu à peu une sorte de haine envers lui. Elle avait finalement eu le courage de le confronter à ce qu'il s'était passé, un an plus tard, et il s'était énervé : « Tu m'accuses d'être un violeur ? Tu étais consentante, c'est toi qui ne sais pas boire. » Il la rendait responsable.

Ça a été très douloureux pour elle. On était profondément choquées par le comportement et les mots de ce garçon. On a été là pour la rassurer, pour mettre des mots sur ce qu'il s'était passé – l'absence de consentement, le viol – et lui rappeler que RIEN ne justifie des violences sexuelles : aucune tenue, aucune parole, aucun comportement.

Les agressions et violences sexuelles peuvent aussi être commises par le conjoint. Beaucoup d'amies proches se sont confiées sur leur impression d'avoir dû « donner leur corps », m'ont raconté s'être forcées à des rapports sexuels sous la pression de leur copain. En plus des conséquences sur la santé mentale, les traumatismes sexuels peuvent causer des troubles physiques. Certaines de mes amies souffrent depuis de vaginisme, une contraction des muscles du périnée qui rend la pénétration très douloureuse (voire impossible). La prise en charge du vaginisme doit se faire avec des professionnels de la santé sexuelle.

Je suis consciente qu'il y a des femmes qui restent silencieuses. Les femmes qui n'ont pas de visage. Les femmes qui n'ont pas d'argent, qui n'ont pas la constitution de leur côté, et qui n'ont pas la confiance, et à qui les médias ne renvoient pas un sentiment d'estime de soi assez fort pour briser le silence ancré dans la honte et la stigmatisation de l'agression.

Viola Davis

Que faire si tu dois aider une victime de violences sexuelles ou que tu en es toi-même victime ?

La différence entre l'agression sexuelle et le viol est la pénétration (qu'elle soit buccale, anale ou vaginale). Dans les deux cas, la contrainte peut être physique ou morale. C'est important de savoir qu'il n'est pas nécessaire qu'il y ait des actes de violence pour qualifier un acte d'agression sexuelle ou de viol : il suffit que la victime n'ait pas donné son consentement ou n'ait pas été en état de le donner.

En cas d'urgence, tu peux appeler la police ou la gendarmerie en composant le **17** ou le **112**. Si tu n'es pas en capacité de parler (handicap ou situation dangereuse), tu peux appeler le **114**.

Sinon, tu peux t'adresser au commissariat ou à la gendarmerie proche de chez toi. Tu as également la possibilité de signaler une agression en ligne en flashant ce QR code.

Que les faits soient anciens ou récents, tu peux appeler le **3919**, le numéro national de référence pour l'écoute et l'orientation des femmes victimes de violences. Pour les mineurs, c'est le numéro **199**, Allô enfance en danger.

Une aide psychologique est nécessaire : tu trouveras la liste des professionnels de parole en page 40.

À noter : il existe des applications pour demander de l'aide si, un jour, tu ne te sens pas en sécurité. Je te recommande App-Elles (voir page 115), qui alerte tes proches, et The Sorority, pour faire appel aux femmes autour de toi.

L'engagement de DIARIATA N'DIAYE

Diariata N'Diaye est une artiste et activiste. Elle a fondé l'association Resonantes qui prévient et lutte contre les violences sexistes et sexuelles, en particulier auprès des 15-24 ans. Lors de ses interventions dans les écoles, collèges, lycées et universités, elle libère la parole, recueille des témoignages et oriente les victimes.

Qu'est-ce qui t'a inspirée à t'engager dans la lutte contre les violences faites aux femmes, et en particulier aux jeunes femmes ?

Je me suis engagée instinctivement. Il y a presque vingt ans, j'ai créé un spectacle de slam, *Mots pour maux*, pour parler de ces violences aux jeunes. J'avais des choses à raconter sur mon histoire et celles de personnes de mon entourage. Dès la première représentation, je me suis retrouvée avec une file de jeunes qui m'attendaient à la fin pour me dire : « Moi, je vis ça, je me reconnais dans telle ou telle chanson. » Je ne savais pas quoi leur répondre, je ne savais même pas qu'il y avait autant de jeunes concernés par les violences. J'ai compris que j'allais devoir trouver des professionnels pour répondre à leurs questions. Je n'imaginais pas l'impact qu'allait avoir ce spectacle. Depuis, j'ai fait plus de 350 représentations et j'ai rencontré des milliers de jeunes.

Pourquoi as-tu créé ta propre association, Resonantes, en 2015 ?

Je voulais mettre la priorité sur les 15-24 ans, et pour cibler cette tranche d'âge, il faut créer des supports adaptés. Il ne faut pas attendre que les jeunes viennent à nous, aillent chercher de l'aide : c'est à nous, adultes, de leur proposer de l'aide.

Quelles actions menez-vous ?

90 % de notre activité consiste à de la sensibilisation dans les écoles, les collèges, les lycées, les universités. On voit à peu près 30 000 jeunes par an, en direct et en indirect. Notre cœur de métier, c'est vraiment d'aller sur le terrain, de recevoir les témoignages et d'être les compagnons de tous ces jeunes. Quand une victime a besoin de nous, on va chercher à comprendre quels sont ses besoins et faire intervenir tous les professionnels qui peuvent l'aider. On peut l'accompagner à des rendez-vous ou juste vérifier si ça s'est bien passé. Si ça ne va pas avec un psy, on va lui en trouver un autre. On vérifie que des proches s'occupent d'elle. On est là jusqu'à ce que la situation soit réglée. Et ce qui est génial, c'est que les jeunes sont ultra-fidèles. On en a même qui nous annoncent des années après l'obtention d'un appartement, d'un diplôme, leur mariage, la naissance de leurs enfants.

Est-ce que ça devrait être automatique, d'aborder le sujet des violences à l'école ?

Bien sûr. Il devrait y avoir des sessions, ne serait-ce qu'une heure par semaine, pour parler des violences, mais aussi des relations amoureuses et de la sexualité au sens large. L'école est le seul endroit, quand on est jeune, où on n'est pas sous l'emprise de ses parents, où on peut entendre un autre discours que celui familial. Mais, trop souvent, à l'école, l'élève doit se taire. Il faut lui laisser plus d'espace pour s'exprimer. Surtout, ces échanges peuvent permettre de comprendre que ce qu'on vit est anormal. Parce que si, chez soi, on est victime ou témoin de violences, on peut penser que c'est la norme, que c'est comme ça qu'on traite une femme, qu'on traite un enfant. Si on veut que les gens dénoncent les violences, il faut qu'ils sachent les repérer et se dire : ça, ce sont des violences verbales, ça, ce sont des violences matérielles, ça, ce sont des violences psychologiques, ça, ce sont des violences physiques, ça, ce sont des violences sexuelles. Bien définir les violences, c'est la première étape. Ensuite seulement, on peut prévenir et prendre en charge.

Les différents types de violences

Quels sont les défis les plus importants ?

La question des violences faites aux jeunes est invisibilisée. Je pense que c'est parce qu'ils n'ont pas de pouvoir politique. Or, si on ne s'occupe pas d'eux, ils vont devenir des adultes en difficulté. Les rares fois où on évoque dans le débat public le sujet des violences faites aux jeunes, on parle de harcèlement scolaire, parce que ce sont des violences faites par des jeunes sur d'autres jeunes. Sauf que, la réalité, c'est que les jeunes sont victimes de violences de la part d'adultes, de personnes qui sont censées avoir autorité sur eux : des membres de la famille, des profs, des éducs… 81 % des victimes de violences sexuelles ont moins de 18 ans, 51 % ont moins de 11 ans. Et 21 % des victimes ont moins de 6 ans[14]. Ce chiffre traumatise : ça veut dire une victime sur cinq. C'est ça, la réalité. Quand on entend ces chiffres, on se dit qu'il devrait y avoir des politiques publiques, que tout le monde devrait mettre toute son énergie pour prendre en charge les victimes, surtout quand on sait que certains auteurs de violences sont d'anciennes victimes. Donc, pour faire cesser les choses, il faut prendre en charge les jeunes victimes. #MeToo a permis une prise de conscience des violences faites aux femmes. Il nous faut le #MeToo des violences faites aux enfants et adolescents. Et il nous faut aussi de l'argent. Sans argent, tu ne peux pas prendre en charge les victimes, les séances de psy, recruter des professionnels, payer les soins.

Quel conseil donnerais-tu à quelqu'un qui est dans une situation de violence ?

Je lui dirais : « Tu n'es pas seul·e. Ce n'est pas de ta faute et ce n'est pas normal de vivre ce que tu vis. Il est important d'en parler à une personne de confiance même si c'est difficile. Tu peux aussi l'écrire si c'est trop dur et faire en sorte que quelqu'un tombe dessus. Si cette personne ne te croit pas, ne l'écoute pas et parle à quelqu'un d'autre. Il est important d'écouter et de faire confiance à tes ressentis. Si tu sens que quelque chose ne va pas, ou te dérange, même si tu n'arrives pas à l'expliquer, il y a une raison. Tu peux aussi t'adresser à une association comme la nôtre ou appeler en anonyme. »

Comment les gens peuvent-ils soutenir ton travail et contribuer à ce combat ?

Tout d'abord, ils peuvent relayer l'existence de notre site Internet et de l'application [voir page suivante]. Il faut que les gens sachent qu'il existe des outils pour les aider. Après, toutes les forces vives sont les bienvenues. Si des personnes veulent être bénévoles, qu'elles nous écrivent des mails, parce qu'il y a toujours des choses à faire. Il est aussi possible de faire des dons.

14. Enquête IVSEA pour l'association Mémoire traumatique et victimologie, « Impact des violences sexuelles de l'enfance à l'âge adulte », 2015.

App-Elles : la première application de sécurité pour les femmes

Créée par l'association Resonantes de Diariata N'Diaye, cette application gratuite permet d'alerter tes proches en cas de situation d'insécurité ou de danger. Il faut au préalable définir trois personnes de confiance. En cas de déclenchement de l'alerte :

App-elles

- Les trois personnes sont prévenues instantanément.
- Elles entendent tout ce qu'il se passe, et tu peux leur parler.
- Ta position est suivie et géolocalisée.
- Tes proches sont en mesure de juger s'ils doivent te rejoindre ou appeler les secours.
- Tu peux également appeler directement les secours.
- Tout est enregistré et peut servir de preuve en cas de plainte.

L'application permet de faire rapidement ce que n'importe qui ferait instinctivement : prévenir un proche, mais ici sans avoir à parler ni à réfléchir, il suffit d'un bouton sur lequel cliquer. De nombreuses autres fonctionnalités sont à disposition :

Association Resonantes

- Liste d'associations d'aide aux victimes (aide juridique, aide psychologique, hébergement d'urgence…) avec le contact direct.
- Fiches pratiques (ex. : Comment porter plainte ? Que faire en cas de cyberharcèlement ?).
- Carte avec les commissariats, gendarmeries, hôpitaux et associations les plus proches.
- Chat pour échanger avec des policiers et gendarmes volontaires, formés aux questions des violences faites aux femmes.

Il n'y a pas de petite voix

Pendant longtemps, j'ai pensé que je n'étais pas légitime pour m'exprimer sur des sujets de société ou des sujets politiques, car je ne pensais pas avoir le bagage suffisant pour argumenter mes propos. Un évènement m'a permis de dépasser cette crainte : le mouvement Black Lives Matter. J'ai compris qu'en tant que citoyenne, je pouvais exprimer mon opinion et mes émotions.

Marcher pour s'exprimer

Le 25 mai 2020, j'ai été choquée, comme beaucoup de monde, par la mort de George Floyd. C'est la première fois que je suis allée manifester et ça a été une étape importante dans mon engagement. J'ai compris l'importance de manifester pour des causes qui nous tiennent à cœur.

Beaucoup de personnes pensent ça ne sert à rien de manifester, que ça ne change rien concrètement. En réalité, quand on manifeste, on s'engage physiquement pour la cause. Ça peut paraître un peu bête à dire, mais c'est très différent que de débattre autour d'un verre avec des amis (même si c'est aussi très important). On s'engage aussi par la voix en lançant des slogans qui font vibrer son message.

Surtout, on s'engage en collectif. On n'est pas seul dans son combat, on est entouré de personnes qui partagent la même conviction. Cette énergie collective apporte une puissance incroyable. Se réunir, c'est aussi montrer au reste du monde le nombre de personnes qui sont convaincues par la même chose, qui combattent ensemble, et c'est unis qu'on peut faire changer les choses plus rapidement.

George Floyd n'est pas le seul à avoir subi des injustices sociales et des violences policières dues à sa couleur de peau. Il est important de ne pas comparer les drames, mais j'aimerais souligner que chaque injustice mérite un combat et rappeler quelques noms trop souvent oubliés : Nahel Merzouk, Adama Traoré, Alhoussein Camara, Fadjigui, Rayana, Jean-Paul Benjamin, Boubacar, pour n'en citer que quelques-uns.

L'engagement D'ASSA TRAORÉ

Assa Traoré est une militante et figure majeure de l'engagement contre les violences policières et les discriminations raciales. Après la mort tragique de son frère, Adama Traoré, en juillet 2016 lors d'une interpellation policière, Assa a fondé le Comité Vérité et Justice pour Adama pour faire la lumière sur les circonstances entourant la mort de son frère et dénoncer les abus policiers. Je tenais à interviewer Assa Traoré parce que je me suis engagée en partie grâce à elle.

Qu'est-ce qui t'a poussée à t'engager activement dans la lutte pour la justice ?

Je voulais établir la vérité sur la mort de mon petit frère, pour son honneur et pour sa dignité, et je ne voulais pas qu'on l'oublie. Donc j'ai pris la parole et organisé des manifestations pour que le monde entier sache que, en France, on avait tué mon petit frère. Je me suis dit : « Il faut que, dans cinquante ans, le nom d'Adama soit synonyme de renversement des mentalités, de renversement d'un système. Il faut que ce combat impose la question de la justice et de l'égalité. »

Des Adama Traoré, il y en a plein. J'ai vite pris conscience du combat qu'il allait falloir mener, pour mon frère et pour tous les autres, pour toutes les familles qui sont encore là, mais qui ont peut-être du mal à en parler. Je voulais aussi que notre combat devienne un combat de société et défende toutes les victimes d'injustice. Depuis sept ans, avec le Comité Vérité et Justice pour Adama, on fait des tournées de quartier pour créer des liens avec d'autres victimes d'injustice : des femmes victimes de violences, des personnes sans papier, la communauté LGBTQIA+...

On explique qu'on ne peut pas mener seuls le combat Adama, qu'on a besoin d'eux. Quand on entend dire qu'il n'y a pas de violence policière, qu'il n'y a pas de racisme et de discrimination, on doit être nombreux pour dire « Si, il y en a. »

Quels sont les principaux défis que tu rencontres dans ton combat quotidien ?

C'est le déni judiciaire, l'idée que, en France, mourir entre les mains des gendarmes après une interpellation peut arriver. Tant pis donc s'ils n'ont pas su sauver Adama ? C'est ça, le message de la justice aujourd'hui ? Nous irons en cassation. Nous irons devant la Cour européenne des droits de l'homme. Des médecins belges ont confirmé que les violences commises lors de l'interpellation avaient causé une asphyxie à l'origine de la mort d'Adama. Cette reconnaissance est une victoire pour nous.

Comment est-ce que tu parviens à maintenir ta détermination et ta résilience face à ces obstacles ?

Je suis devenue un soldat malgré moi. On est dans un tournant extrêmement fort dans l'histoire de France sur la question des inégalités, des violences policières et du racisme. Je suis la voix vivante d'Adama et de tous les autres morts. Le nom de mon frère raconte une histoire : celle de mes origines, celle de toutes les vies dites « issues de l'immigration », celle de tous les enfants nés ici, héritiers des forces de leurs parents exilés auxquels on refuse la lumière. Ma voix est celle d'une femme, d'une sœur. Je ne cesserai de clamer que la vie de mon frère comptait. Nous le devons pour que l'avenir de nos enfants soit rempli d'espoir.

Nous avons tous le droit de participer à la construction de ce monde. Il faut nous imposer, affirmer nos idées, n'avoir peur de rien. Nous ne devons plus jamais nous laisser confisquer la parole. Ça, c'est le plus important.

Quelles sont les actions concrètes que tu entreprends chaque jour avec le Comité pour sensibiliser le public aux questions de brutalité policière et de racisme ?

Il y en a énormément. Déjà, c'est d'aller soutenir sur le terrain toutes les victimes, les défendre contre toutes les formes d'injustice. C'est leur apporter notre soutien et notre force. On mène des actions humanitaires et des actions de solidarité. Par exemple, quand un foyer a brûlé à Montreuil en janvier 2024, on s'est battus pour reloger 70 personnes.

Ensuite, on travaille avec de grandes institutions comme l'ONU pour porter notre combat. L'ONU a interpellé la France en 2023 sur les questions de violences policières et de racisme. J'ai aussi participé au premier rapport de l'ONU sur les Afro-descendants dans le monde. Enfin, depuis deux ans, je travaille sur une formation qui s'appelle Génération Leader et a pour ambition de voir la cause de l'égalité prospérer, non pas dans les mots, dans les discours ou dans les intentions politiques, mais sur le terrain, dans nos vies, dans l'histoire que nous décidons de bâtir ensemble. Génération Leader réunit déjà une vingtaine de personnes sur chaque promotion, déterminées à réaliser leurs rêves de justice et d'égalité à travers des projets personnels ou collectifs dont nous suivons et soutenons le développement et la réalisation pendant six mois, grâce à des rendez-vous réguliers avec nos encadrants et intervenants.

Quels sont tes espoirs et tes aspirations pour l'avenir, en France ?

Ils ne sont pas si ambitieux que ça. Ils sont juste réalistes. On a une jeunesse qui est pétillante, on a une jeunesse qui est forte, et la France ne se rend pas compte de la chance qu'elle a. On a appris à ces jeunes à ne pas aimer leur pays. J'ai compris que la clé de la fin des inégalités, des violences qui coûtent des vies, c'est le pouvoir, c'est le travail, ce sont les connaissances. Il faut encourager les rêves et les ambitions démesurées de tous les jeunes, et notamment ceux des quartiers. Ce sont eux qui sauveront le monde. Je milite pour l'égalité de tous, pour que les droits de nos frères soient les mêmes que ceux des gens bien en place. Il faut gagner en pouvoir d'influence, créer, s'organiser, avancer en groupe, être solidaires et fiers les uns des autres. Il faut inventer un monde pour les jeunes qui nous suivent, pour nos enfants.

Comment les gens ordinaires peuvent-ils contribuer à soutenir ta cause et à faire avancer le combat pour la justice sociale ?

Chacun, à son échelle, à sa mesure, doit œuvrer pour le respect des droits fondamentaux. J'ai appris à travers l'affaire Adama et grâce à de nombreuses rencontres qu'un combat s'organise, qu'un combat se justifie, qu'un combat se nourrit. Mais, surtout, j'ai compris qu'il devient une cause quand il se partage et se transmet, quand il est l'affaire de tous. Chacun, avec sa passion, son savoir, son expertise, peut contribuer. Quand quelqu'un me fait un site ou une affiche gratuitement, c'est énorme. On a besoin de tout le monde.

Peu importe d'où tu viens, peu importe ta couleur de peau, peu importe ta religion, peu importe ton orientation sexuelle, tu ne dois pas rester spectateur face à l'injustice, face au meurtre, face à l'impunité policière.

Assa Traoré

Je me suis sentie concernée par Black Lives Matter et le sujet des violences policières parce que je suis une personne racisée, tout comme une grande partie de ma famille et beaucoup de mes amis. On peut défendre une cause sans être intimement concerné, mais c'est sûr que ça m'a touchée en plein cœur de penser qu'un de mes proches ou moi-même pourrions être victimes de violences policières.

Après avoir marché pour George Floyd et, plus récemment, pour Nahel, j'ai beaucoup lu sur les violences policières aux États-Unis et en France. J'ai encore du mal à croire qu'il y ait tant de cas de violences, tant de familles laissées dans l'injustice, tant d'agresseurs en liberté.

« Ce n'est pas la violence de quelques-uns qui me fait peur, c'est le silence du plus grand nombre. »

Martin Luther King

En parallèle, en parlant avec des policiers, notamment deux membres de ma famille et d'autres rencontrés lors du tournage de la série *Jusqu'ici tout va bien*, j'ai pris conscience que leur métier est difficile. Une majorité des policiers sont motivés par la passion, mais malheureusement, une minorité de policiers font du mal, instaurent un climat de peur, sont violents. Cela doit être clairement condamné. Alors que nous voulons tous être protégés *par* la police, certains d'entre nous cherchent désormais à être protégés *de* la police. Ils ont peur quand ils croisent un policier. Dans quel monde vivons-nous ? Je suis désespérée de voir que, encore aujourd'hui, il faut se battre contre les violences racistes. J'en ai fait un combat personnel, le combat de ma vie.

Prendre la parole, c'est parfois la laisser aux autres

Aujourd'hui, on dit de plus en plus souvent qu'il faut laisser la parole aux intéressés. Laisser les personnes racisées parler de racisme, les femmes victimes de violences physiques ou sexuelles s'exprimer sur leur vécu…

Quand on s'engage sur une problématique qui ne nous touche pas personnellement, il faut savoir laisser la parole à ceux qui la vivent. C'est quelque chose d'extrêmement important si on veut bien comprendre le sujet que l'on défend. En laissant la parole aux autres, on écoute et on apprend énormément. C'est dans cet état d'esprit que je m'engage à soutenir le devoir de mémoire, c'est-à-dire l'obligation morale de se souvenir d'événements historiques tragiques pour qu'ils ne se reproduisent jamais.

J'ai eu le privilège d'interviewer Julia Wallach[15], une survivante de la Shoah. L'interview avait été organisée par le média Origines, qui partage des histoires qu'il ne faut jamais oublier (violence, événement historique ou politique…).

15. Son livre, *Dieu était en vacances* (Grasset, 2021), m'a beaucoup marquée. Sa petite-fille, Frankie Wallach, a réalisé un film qui aborde la question de la transmission : *Trop d'amour* (Canal +, 2021).

Une rencontre qui a changé ma vie : Julia Wallach

Pendant tout l'échange, il y a eu une énergie très particulière avec cette femme de 96 ans et, moi, jeune fille de 16 ans qui venait l'interroger sur son vécu.

Je dois avouer que j'étais vraiment stressée. J'ai essayé de préparer mes questions, mais je craignais d'être trop intrusive ou de la blesser en lui rappelant des souvenirs douloureux. Je craignais aussi, avec mon hypersensibilité, de ne pas supporter ce qu'elle allait me raconter (d'ailleurs, j'ai pleuré durant toute l'interview, qui a duré quatre heures).

Vidéo de l'interview

Julia m'a raconté la survie dans le camp de concentration, la déshumanisation, toutes les atrocités qu'elle avait vécues. Ce qui m'a vraiment perturbée, c'est qu'elle parlait d'une façon banale, avec une sorte de détachement. Comme moi j'aurais raconté que j'ai bu un soda, elle nous expliquait qu'on lui avait cassé les dents parce qu'un soldat n'avait pas aimé comment elle lui avait répondu.

Si je ne devais retenir qu'une chose de ce moment, c'est lorsqu'elle m'a parlé de son mari. Lui aussi était un survivant de la Shoah. Toute sa vie, celui-ci a fait des cauchemars en hurlant la nuit. Il pouvait aussi, alors qu'il se promenait dans la rue, courir se cacher derrière un mur, en ayant des spasmes. Il avait des symptômes post-traumatiques. Ça m'a marquée, parce que je me suis rendu compte que le corps, le cerveau, l'âme gardent une marque des traumas.

Entre le moment où je suis entrée dans cette salle et celui où j'en suis ressortie, je n'étais plus la même personne.

Les vidéos « Transmission »

C'est au moment où j'ai posté l'échange avec Julia Wallach sur les réseaux sociaux et que j'ai vu l'impact qu'elle avait sur les gens, que j'ai compris que ce sujet était primordial, mais aussi que, nous, les jeunes, nous devions être acteurs et relais du devoir de mémoire et de transmission. Il ne s'agit pas de raconter à la place des autres, mais bien de laisser la parole, d'écouter, de comprendre, de s'émouvoir. C'est le principe du concept de vidéo « Transmission » d'Origines Media, grâce auquel j'ai pu interviewer d'autres personnes incroyablement résilientes.

Najah Albukaï a été emprisonné en Syrie, car il s'opposait au régime. Il s'y est fait torturer et le dessin est devenu son moyen de survie. Il a dessiné toute la réalité de sa détention, la brutalité, la souffrance. Il combat aujourd'hui le régime syrien depuis la France.

Kali accueillait dans son salon de coiffure en Irak des personnes LGBTQIA+. Il a été accusé de propagande et arrêté par la police. Son frère et ses neveux ont été tués, il a été torturé. Il a fini par fuir la Syrie, mais cette fuite même était un enfer, avec la souffrance dans les camps d'immigrés, la difficulté de construire une nouvelle vie…

Caroline Decosse a été victime d'un trafic d'enfants international lié à la guerre au Liban. Aujourd'hui thérapeute, elle accompagne des familles, et notamment des enfants adoptés.

Annick Kayitesi-Jozan est une rescapée du génocide des Tutsis au Rwanda. Elle a vu sa mère se faire exécuter devant elle alors qu'elle n'avait que 9 ans, et ses proches se faire emmener par des miliciens hutus. Réfugiée en France, elle est devenue écrivaine[16] et se bat contre l'oubli et la banalisation du génocide.

Ce qu'ont vécu Julia, Najah, Kali, Caroline et Annick est tout simplement inimaginable, mais c'est pourtant une réalité. En prenant la parole, ils nous sensibilisent aux expériences traumatiques qu'ont traversées ou que traversent encore des millions de personnes et luttent pour une société plus juste et humaine.

16. *Nous existons encore*, Michel Lafon, 2004 et *Même Dieu ne veut pas s'en mêler*, Seuil, 2017.

L'engagement de NEWIN BOKHARI

Newin Bokhari (voir témoignage page 42) est la cofondatrice du média Origines qui explore les histoires marquantes d'individus, connus ou inconnus, et notamment leurs traumatismes pour libérer la parole. Journaliste de formation et experte des médias, elle s'est spécialisée dans le format interview et la présentation, et se lance aujourd'hui sur ses propres réseaux sociaux.

Qu'est-ce qui t'a inspirée à créer Origines et à t'impliquer dans ce projet ?

J'ai eu envie de conceptualiser un média dont l'identité serait la volonté de comprendre l'humain. Quand je rencontre quelqu'un, je cherche rapidement à aller en profondeur. J'avais déjà pu approfondir ma curiosité naturelle dans mon métier d'origine, qui est journaliste, mais je voulais aller encore plus loin : comprendre qui nous sommes, nos traumatismes, et surtout nous en libérer. Les gens ne parlent pas assez or, si on ne parle pas, on s'enfonce dans des problématiques qui sont de plus en plus compliquées à régler. Je souhaitais aussi créer un média plus représentatif de la société en donnant la parole à des personnes qu'on ne voit pas habituellement, de par leur origine ou leur religion, parce que moi-même, je ne me sentais pas représentée ni écoutée dans les médias.

Quel a été l'impact de ces histoires, de tes interviews ?

L'impact a été phénoménal. On a eu des personnes qui racontaient des choses dont elles n'avaient jamais parlé à leurs proches, et quand leur famille regardait l'interview, ça débloquait des sujets, ça resserrait les liens. On a eu des personnes qui racontaient les crimes dont elles avaient été victimes et qui ont pu obtenir justice. Des associations ont reçu de l'argent, de la visibilité. Des artistes ont vu leur carrière exploser. Origines a été un moteur de la libération de la parole : plein de personnes avaient envie de parler, mais ne trouvaient pas de plateforme pour le faire. On leur a offert cette plateforme.

Aujourd'hui, il y a des milliers de personnes du monde entier qui contactent Origines pour parler de leur histoire et se libérer de traumatismes.

J'ai beaucoup travaillé avec toi sur Origines et j'ai remarqué que, malgré la sensibilité des sujets, les questions sont hyper respectueuses.

Oui, ce mot-là, « respectueux » est très important. Pour moi, il n'y a pas de tabous, pas de limites en interview, mais j'ai conscience d'aborder des sujets compliqués alors j'essaie de ne jamais mettre la personne mal à l'aise. Je ne vais pas juste poser une question, je vais expliquer pourquoi j'aimerais que la personne me parle de telle ou telle chose pour montrer que c'est une curiosité saine et que mon but n'est pas de faire le buzz, mais de comprendre un vécu. Je me sens un peu liée à ces personnes de par mes épisodes dépressifs, mes problèmes personnels, le fait de pas me sentir à ma place. Les gens le sentent, ils voient qu'on se ressemble. Je pense qu'en comprenant mieux les autres, je finis par mieux me comprendre moi-même.

Quel est ton nouveau projet de création de média ?

Aujourd'hui je veux communiquer sur mes propres réseaux sociaux qui vont porter mon nom. Comme Origines, ce sera axé sur l'humain à travers différents thèmes, mais j'arrive avec beaucoup plus de maturité. Le premier format que je crée va s'appeler La Hchouma. La honte, en arabe. C'est parti en fait d'une problématique personnelle. En tant que jeune femme algérienne, j'ai beaucoup grandi avec ce mot-là, avec le concept de honte. Dans cette émission, je vais questionner toutes les hontes possibles et imaginables, liées à notre culture, à notre vie sexuelle, à notre vie sociale, avec des personnes connues ou inconnues. Je parlerai dans d'autres formats de santé mentale, des différences générationnelles… Ma chaîne va être un mélange de témoignages, d'enquête, d'expérience sociale pour vraiment créer une *safe place*.

Qu'est-ce qui te rend le plus fière dans le chemin parcouru avec Origines jusqu'à présent ?

Se rendre compte qu'on peut avoir un impact sociétal sans être le PDG d'une grande entreprise, ça me rend hyper fière. Et à titre plus personnel, je me rends compte que les chosès qu'on me reprochait quand j'étais petite, c'est ce qui fait ma force aujourd'hui, ce qui m'a permis d'aider et de créer quelque chose d'assez extraordinaire.

Par la voix, par la parole, on peut remettre en question les préjugés et les injustices qui persistent dans notre société. C'est en plaidant pour les causes qui comptent qu'on peut provoquer le changement.

Ce chapitre est celui que j'ai préféré écrire. Il permet de faire le point sur les combats qu'on veut mener, sur nos valeurs, sur les causes qui nous indignent ou nous tiennent à cœur. Prendre la parole sur ces sujets, c'est prendre ses responsabilités envers les autres et envers le monde.

Les jeunes générations nous surprennent parfois en ce qu'elles diffèrent de nous [...]. Mais cette jeunesse est courageuse, capable d'enthousiasme et de sacrifices comme les autres. Sachons lui faire confiance pour conserver à la vie sa valeur suprême.

Simone Veil

PARTIE 5

S'engager dans une association pour aider les autres et avoir un impact sur la société

Quand on parle d'engagement, on pense souvent à l'engagement associatif. Petit rappel du dictionnaire : une association est un groupe de personnes qui se réunissent pour partager des passions ou des intérêts communs dans un but non lucratif. Les associations peuvent être de différentes sortes : sportive, culturelle, caritative… Elles sont souvent créées pour faire des activités ensemble, organiser des événements ou soutenir une cause.

S'engager dans une association permet d'avoir plus d'impact que quand on est seul et de se voir confier des missions utiles et concrètes. Je ne me serais pas rendue spontanément dans un hôpital pour tenir compagnie à des adolescents malades, alors qu'avec Aïda, tout était cadré, organisé et porteur de sens !

En commençant mes missions chez Aïda, je me suis rendu compte qu'en plus d'apporter aux autres, ça me faisait beaucoup de bien à moi. Ça m'a permis de trouver un équilibre dans ma vie, de me confronter à d'autres réalités. Ça m'a changée.

Quand tu donnes, tu reçois. Et tu reçois même dix fois plus.

Est-ce que c'est compliqué de s'engager dans une association ?

Quand j'ai ressenti le besoin de me rendre utile, je n'avais que 12 ans et je me suis tout de suite dit que ça allait être galère d'intégrer une association. Déjà, par rapport à mon âge, j'avais du mal à trouver des ressources pour les mineurs, des pistes concrètes pour passer à l'action. Ensuite, rien que d'imaginer tous les papiers à remplir, demander à mes parents de m'accompagner pour valider mon inscription… ça m'a freinée dans mon élan. Phobique de l'administratif, je me suis arrêtée à ces obstacles et j'ai repoussé le projet.

Quelques mois après, l'envie est devenue plus forte que toutes les contraintes. J'ai découvert Aïda grâce à plusieurs personnes de ma communauté, et ça a été beaucoup plus simple que ce que j'imaginais. J'ai juste eu à remplir un formulaire de bénévole. J'y ai expliqué mes envies, mes motivations et, bien sûr, j'ai donné toutes mes coordonnées. Une fois que j'ai envoyé le formulaire, j'ai reçu un mail qui m'indiquait que j'allais participer à une formation en visio ou dans un café à Paris. On m'y a expliqué mon rôle de bénévole, les missions que je pourrais faire et l'organisation de l'association. Tout était très clair.

Si j'ai pu le faire alors que je suis la pire en ce qui concerne l'administratif, alors n'importe qui peut le faire !

Si tu es mineur·e, sache que la loi t'autorise à adhérer à une association sans autorisation préalable de tes parents. La seule condition est que les statuts de l'association le permettent. C'est pour cette raison que certaines associations semblent plus strictes que d'autres, mais des associations comme Aïda t'ouvrent leurs portes.

Et pour en savoir plus :

Plaquette sur la participation des mineurs à la vie associative

Ma première journée de bénévolat

J'avais 14 ans la première fois que j'ai participé à une mission de bénévolat avec Aïda. J'étais un peu angoissée en rejoignant les autres bénévoles à la clinique Édouard Rist à Paris, car l'équipe médicale et l'association nous avaient expliqué que ça allait être difficile d'être confrontés à la maladie de jeunes de notre âge. Nous écoutions leurs derniers conseils devant la salle de jeux et j'avais peur de fondre en larmes.

La porte s'est ouverte sur plein de jeunes entre 12 et 20 ans. C'était assez perturbant pour moi, parce que je savais qu'ils étaient malades (sauf quelques-uns en rémission), parfois depuis des années, mais ça ne se voyait pas forcément. J'avais juste l'impression d'entrer dans une salle où des jeunes s'étaient réunis pour passer un bon moment autour de jeux de société, d'un babyfoot ou d'un billard. Et c'était bien le cas ! On était là pour se détendre et s'amuser, tout simplement.

Je me rappelle qu'un des plus jeunes ados m'a sauté dans les bras dès mon arrivée. On a fait un babyfoot ensemble, puis on a joué du piano. Il restait collé à moi et me faisait plein de câlins, jusqu'à ce que je rejoigne un groupe de filles pour faire de la peinture et des perles. Puis nous nous sommes tous retrouvés autour de la table de billard. C'était bien, on jouait et on parlait de tout et de rien.

D'une certaine manière, pendant deux heures, je n'ai pas pensé au cancer, et le but était de leur faire oublier la maladie également. Ce n'étaient que deux heures, mais ça m'a vraiment marquée : j'ai eu l'impression de vivre un moment hors du temps, à rigoler et à jouer ensemble, sans se soucier de rien, sans responsabilités ni réalités difficiles. On redevenait des enfants. Je me sentais comme à l'école ou au centre aéré quand je me faisais des amis ! Et quand ça s'est terminé, pour qu'ils remontent faire leurs soins dans les chambres, c'était comme si on sonnait la fin de la récréation.

Je m'étais amusée avec eux comme je l'aurais fait avec des potes, mais leur départ pour les soins m'a foutu une claque. En sortant de l'hôpital, je me suis effondrée. J'ai fondu en larmes – toutes les émotions vécues pendant ces deux heures me sont tombées dessus. J'ai ressenti beaucoup de culpabilité de reprendre ma vie de jeune fille en bonne santé, alors que d'autres personnes restaient à l'hôpital. C'était injuste. Pourquoi eux, pourquoi elles ? Pourquoi pas moi ? Personne n'a la réponse à ces questions.

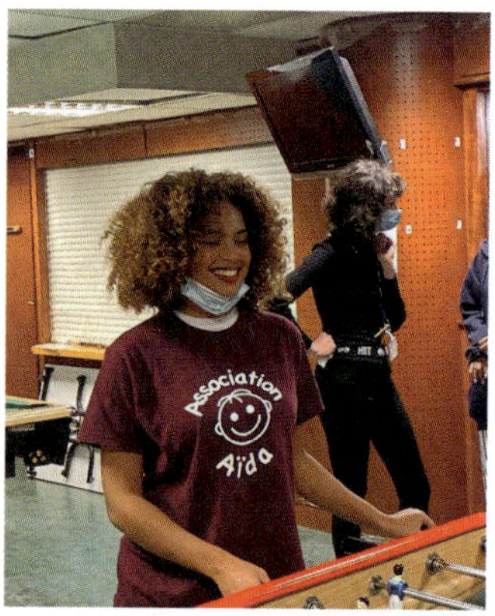

Après avoir épongé mes larmes, j'ai pris conscience que tout ce que je pouvais faire à mon échelle, c'était leur changer les idées, comme j'avais essayé de le faire cet après-midi-là. Ensemble, avec les autres bénévoles, nous avions fait de notre mieux – et c'était venu naturellement – pour faire de ce moment à l'hôpital une tranche de vie « normale ». On avait eu des discussions de jeunes, on avait ri, joué et écouté nos sons préférés, sans penser au cancer. Quelque part, j'étais fière de moi. J'avais osé franchir le cap du bénévolat et j'avais affronté une réalité à laquelle beaucoup préfèrent ne pas penser.

Depuis, cinq ans ont passé et je suis retournée plusieurs fois à l'hôpital, dans cette clinique et ailleurs, pour vivre de beaux moments avec ces adolescents et d'autres.

Est-ce que ça prend beaucoup de temps ?

C'est à toi de bien choisir ton association en fonction du temps que tu veux et peux donner.

Certaines associations vont plutôt chercher des bénévoles réguliers, qui interviendront toutes les semaines ou tous les mois, alors que d'autres ont besoin de monde pour des missions ponctuelles.

Tu peux t'engager sur le long terme dans une association, comme je le fais pour Aïda. Dans ce cas, tu peux par exemple prévoir quelques heures de bénévolat par mois. Dans certaines associations, comme les Restos du Cœur par exemple, tu t'engages à venir servir les repas un soir par semaine. Ce qui est vraiment sympa quand on s'engage sur la durée, c'est qu'on tisse des liens avec les personnes qu'on aide et les autres bénévoles.

Si ça ne t'arrange pas de t'engager pour une mission régulière, tu peux être bénévole ponctuellement sur des missions précises pendant quelques heures ou quelques jours. Par exemple, aider à une collecte alimentaire, tenir un stand lors d'un événement, récolter des biens de première nécessité ou des jouets… Si tu hésites à t'engager, que tu ne sais pas trop à quoi t'attendre, ça peut être un premier pas. Tu vois ainsi les sujets qui te touchent et les activités où tu te sens à l'aise.

Enfin, si tu manques de temps, il est aussi possible d'être bénévole de chez toi, « en télétravail » en quelque sorte. Au lieu de réaliser des missions physiques, tu aides par exemple une association à s'occuper de sa communication, tu rédiges des textes, tu fais du soutien par téléphone ou en visio… Comme je voyage beaucoup et que j'ai un emploi du temps chargé, mon engagement se limite parfois à écrire des lettres à des enfants malades pour Aïda. Ça n'a pas l'air de grand-chose, mais ça peut illuminer la journée de quelqu'un ! Quand j'étais plus petite, ma mère nous faisait écrire, ma sœur et moi, des lettres à des personnes âgées en maison de retraite.

Sois totalement honnête et réaliste, et réfléchis bien au temps que tu peux consacrer à ton bénévolat. Il n'y a aucune bonne réponse, seulement celle qui correspond à ton rythme de vie et à tes autres engagements et obligations. Inutile de se mettre la pression : un peu, c'est déjà beaucoup ! S'engager, ce peut juste être partager le lien d'une cagnotte en story ou l'envoyer à ses parents pour qu'ils la diffusent à leurs amis.

Les associations savent très bien que tu donnes de ton temps et que tu ne peux pas y passer toutes tes journées, c'est pour ça qu'elles s'adaptent. Alors, avant de renoncer à un projet, renseigne-toi auprès des associations qui t'intéressent, elles pourront te dire concrètement comment tu peux les aider.

Des idées de missions quand tu veux donner de ton temps

- Rendre visite à des personnes démunies, âgées ou malades, à l'hôpital, en maisons de retraite ou à domicile
- Aider des enfants à faire leurs devoirs
- Accompagner des personnes à mobilité réduite dans leurs activités quotidiennes
- Faire des maraudes (parcours réalisé en ville pour porter assistance aux personnes dans la rue, notamment en leur distribuant de la nourriture ou des produits d'hygiène)
- Récupérer des dons (nourriture, produits de première nécessité, jouets…)
- Servir à manger ou distribuer des denrées
- Emballer des cadeaux qui seront offerts en période de fêtes
- Répondre à des questionnements sur une plateforme d'écoute, offrir une présence et guider vers les bonnes personnes
- Organiser une collecte de fonds
- Gérer l'accueil dans des maisons de quartier, des cafés associatifs, des événements…
- Aider à l'insertion sociale et professionnelle en aidant des personnes à préparer des dossiers ou à prendre rendez-vous dans les administrations
- Animer des événements/ateliers sportifs ou culturels, selon tes compétences : atelier cuisine, bibliothèque de rue, marche solidaire, initiation à un sport…
- Sensibiliser à la cause d'une association dans le milieu scolaire, en entreprise ou lors d'événements

Mes expériences de distributions et maraudes

Donner de la nourriture ou des objets peut se faire facilement en dehors du cadre associatif. La première fois que j'ai participé à une distribution alimentaire, j'avais 14 ans. Une de mes meilleures amies, Elisa, avait entendu parler par son cousin d'un projet de distribution de repas pour des familles musulmanes, pendant le ramadan. C'était vraiment du bouche-à-oreille, il n'y avait aucune association impliquée. On était juste plusieurs groupes d'amis réunis en un collectif improvisé.

On a contacté des foyers pour identifier où distribuer des repas. Les foyers nous indiquaient le nombre de familles et donc le nombre de repas à prévoir. Des mosquées nous ont aussi donné les adresses de personnes défavorisées.

On n'a pas récolté de l'argent : chacun a acheté des ingrédients et préparé de la nourriture chez soi. On se répartissait les tâches : untel s'occupait des pâtes, un autre de la soupe, un autre des boissons... Certains s'occupaient de plats ou d'ingrédients traditionnels pour le ramadan comme la chorba ou les dattes. Ensuite, on s'est tous rejoints dans l'appartement d'une des filles du groupe, et on a réparti la nourriture dans des boîtes. Puis on s'est divisés en équipes et en voitures : cette voiture-ci va dans tel foyer dans le 95, cette voiture-là dans le 94, celle-ci à Paris...

À la fin, il nous restait de la nourriture, donc nous sommes allés à Porte de la Chapelle distribuer les plats restants à des sans-abri. Ça s'est tellement bien déroulé qu'on l'a refait plusieurs fois pendant le ramadan.

Plus récemment, à nouveau avec des amis et des jeunes de Vincennes de 14-15 ans à peine, on a créé un compte Instagram et une cagnotte pour que nos proches participent : famille, voisins... On a vendu des vêtements pour récupérer un peu plus d'argent, puis on est allés dans un supermarché grossiste pour acheter des pâtes, des boîtes de conserve, des boissons. On a tout mis dans des sacs qu'on est allés distribuer sur les quais de Seine où se trouvent des réfugiés.

On a passé la journée là-bas. On « toquait » aux tentes et, au début, les réfugiés avaient peur, car ils pensaient que c'était la police qui venait les déloger. On expliquait ce qu'on faisait, on distribuait la nourriture, on échangeait, on découvrait leur histoire. Nos discussions sont ce qui m'a le plus marquée. On s'est baladés avec un des réfugiés, il nous a expliqué qu'il restait toujours dans sa tente parce qu'il redoutait de sortir. Une maraude, ce n'est pas juste offrir de la nourriture, c'est du contact humain, c'est une présence.

Avec mon agence Follow, on fait régulièrement des maraudes. Je me rappelle une fois où nous avons acheté des tentes pour les distribuer à des personnes qui vivent dans la rue. On allait vers ceux qui avaient les tentes les plus usées pour leur permettre de les remplacer. Parfois, des familles entières vivaient dans une seule tente trouée, alors même qu'il pleuvait…

On peut aussi donner d'autres choses que de l'alimentation ou des tentes. En raison de mon métier, je reçois tout le temps des produits de beauté et des parfums, et je ne les utilise pas tous. Aïda ne peut pas les récupérer, car les adolescents malades ne peuvent pas mettre certains produits sur leur peau. En revanche, je connais, grâce à la mère de mon ami Jules, Women Safe & Children, un réseau d'associations qui accueillent des femmes et des mineurs victimes de violences. Les femmes battues ont souvent fui leur maison sans rien emporter et se réfugient dans des lieux d'accueil. La mère de Jules m'a dit : « Tout ce dont tu ne veux plus, ça servira à quelqu'un. Certaines de ces femmes n'arrivent même plus à se regarder dans le miroir après ce qu'elles ont vécu. Tout ce qui peut les aider à se regarder à nouveau, on prend. »

Du maquillage, du parfum, des accessoires sont des moyens pour ces femmes de se faire du bien, de renouer avec leur féminité, de se trouver jolies. Ça peut paraître anodin, mais ça ne l'est pas du tout. Pour ces femmes qui se sont senties déshumanisées, mises à nu, tous ces produits peuvent être une étape vers leur nouvelle vie. Alors, j'ai fait des cartons et ça a été redistribué. J'ai été heureuse de rendre heureuses d'autres femmes.

Women Safe
& Children

Est-ce que ça coûte de l'argent ?

Non, le principe du bénévolat est justement de donner de son temps, de son énergie, parfois de ses compétences et connaissances, sans être rémunéré et sans devoir payer.

Quand tu vas sur le terrain, à l'hôpital par exemple, ton sourire compte autant que l'argent qui vient de donateurs.

Après, si tu as envie de faire des dons parce que tu manques de temps pour t'engager physiquement – ou parce que la cause te tient tellement à cœur que tu souhaites agir à tous les niveaux, c'est bien sûr apprécié par les associations !

Si tu veux vraiment donner de l'argent à une association, mais que tu ne peux pas personnellement, tu peux transmettre l'information à tes proches ou à des personnes qui auront les moyens de le faire. Les dons ouvrent droit à une réduction d'impôt de 66 % s'ils sont faits à des organismes d'intérêt général, et de 75 % s'ils sont faits à des associations d'aides aux personnes.

Tu peux aussi organiser une vente (crêpes, boissons, vêtements d'occasion…) et reverser la somme. Un beau projet à imaginer avec des amis !

Le plus important, c'est de donner de son temps et de sa personne – et de son sourire.

Des idées d'engagement quand tu veux donner de l'argent

- Le don d'argent mensuel : ce don est apprécié des associations qui savent ainsi combien elles vont recevoir sur un an. Ça peut commencer avec de petites sommes comme 7 ou 10 euros par mois.
- Le don d'argent ponctuel : quand on veut donner une ou plusieurs fois dans l'année. Ça peut être le cas pour le Téléthon, par exemple.
- Le don de nourriture : on peut acheter des denrées pour les donner à des associations. D'ailleurs, il y a parfois des collectes à l'entrée des supermarchés.
- Le don d'objet : ce n'est pas directement de l'argent, mais tu peux donner des objets dont tu ne te sers plus. Ou alors tu peux en acheter spécifiquement pour une occasion (opération cadeaux de Noël d'une association par exemple).

Quelle association choisir ?

Il existe des associations partout, et sur tous les sujets. C’est une bonne chose, parce que le choix est vaste et que chacun peut trouver la structure qui correspond à ses envies et à ses valeurs, mais c’est sûr qu’on peut s’y perdre !

Pour choisir ton association, le plus simple est d’abord de choisir quelle cause tu souhaites encourager et défendre en priorité, puis de chercher sur Internet et sur les réseaux sociaux quelles sont les associations qui luttent pour cette cause. Tu peux également te renseigner à la maison des associations de ta ville pour connaître celles qui sont proches de chez toi, mais voici déjà quelques pistes ci-après ! Les catégories sont poreuses, certaines associations pourraient être classées dans plusieurs endroits, et cette liste est bien sûr non exhaustive. Je cite notamment des associations qui sont connues ; le but est surtout de présenter les actions possibles pour les bénévoles

Aide solidaire et lutte contre la pauvreté

- **Le Secours populaire** est une association généraliste de solidarité : elle protège les individus vulnérables, des sans-abri aux migrants en passant par les victimes de conflits armés. Les missions sont très variées : « soupe populaire » (distribution alimentaire), accueil et tenue des vestiaires solidaires, conseil sur les droits, soutien scolaire, formations en informatique, collectes de dons, organisation d'événements de soutien…

- **La Croix-Rouge française** aide les personnes en situation de vulnérabilité. Les missions de bénévolat incluent des maraudes auprès de sans-abri, des appels de convivialité pour les personnes isolées, l'accueil de demandeurs d'asile… La particularité de la Croix-Rouge est également la formation au secourisme, pour que les bénévoles puissent être présents lors de grands rassemblements et au quotidien, en coopération avec le SAMU.

- **Oxfam France** lutte contre la pauvreté. En tant que bénévole, on peut être amené à sensibiliser le grand public lors d'événements (festivals, forums, actions de rue…), à organiser des défis sportifs ou encore à gérer les friperies et boutiques solidaires d'Oxfam (réception et tri des dons, ventes…)

- **La Fondation Abbé Pierre** aide les personnes défavorisées à accéder à un logement décent. Les bénévoles accueillent et orientent les personnes en difficulté dans les lieux physiques ou répondent aux appels téléphoniques.

- **Emmaüs** lutte contre l'exclusion des personnes et des familles à la rue, notamment en les accueillant et en les hébergeant. Les missions peuvent être la gestion des boutiques solidaires (tri et vente des dons), la distribution de repas chauds, l'animation d'ateliers pour les enfants…

Aide aux personnes en situation d'exclusion

- **L'association Aurore** a pour objectif l'accompagnement et la réinsertion de personnes en situation d'exclusion et de précarité (femmes victimes de violences, personnes souffrant d'addictions ou en souffrance psychique…). Voici quelques missions possibles : l'animation d'ateliers manuels, des sorties culturelles, l'aide au fonctionnement de l'épicerie solidaire, des cours informatiques…
- **L'Îlot** encourage la réinsertion de personnes sortant de prison ou en grande précarité. Les missions incluent du soutien scolaire, l'aide à la recherche d'emploi, l'animation d'ateliers artistiques…
- **Le Refuge** vient en aide aux jeunes LGBTQIA+ victimes de violence intrafamiliale. Les bénévoles collectent des fonds, sont écoutants sur la ligne téléphonique, organisent des missions de sensibilisation…
- **Les Petits Frères des Pauvres** aident et soutiennent les personnes âgées isolées en situation de précarité. Les bénévoles effectuent des visites à domicile, organisent et animent des activités collectives, accompagnent les personnes âgées en vacances ou lors des fêtes de fin d'année…
- **Utopia 56** aide les personnes en situation d'exil ou de migration. Les missions consistent en des maraudes, en la distribution de couvertures et tentes, en l'orientation vers des structures d'aide et en tri des dons.
- **La Cimade** accompagne des personnes migrantes, réfugiées ou en demande d'asile. Les bénévoles les accompagnent dans leurs démarches administratives et juridiques, organisent des événements, interviennent dans des écoles, assurent des visites aux personnes isolées…

Aide médicale et accompagnement des personnes malades ou handicapées

- **Médecins sans frontières** apporte une assistance médicale à des populations menacées. Les missions s'articulent autour de la sensibilisation du grand public, notamment via l'organisation d'opérations de communication (conférences-débats, expositions…).
- **La Ligue nationale contre le cancer** accompagne les personnes malades, encourage les dépistages et finance la recherche. Les bénévoles rendent visite à des malades, organisent des collectes et des campagnes de dépistage.
- **Handicap international** cherche à améliorer le confort de vie des personnes handicapées et des populations vulnérables et assure le respect de leur dignité. Les bénévoles organisent des événements et des actions solidaires pour sensibiliser et collecter des dons.

Protection et accompagnement des enfants et des jeunes

- **Unicef France** a pour but de protéger les enfants et leurs droits. Les missions incluent l'organisation de collecte de fonds, l'animation d'ateliers de sensibilisation aux droits des enfants et le développement d'actions éducatives.

- **Apprentis d'Auteuil** accompagne des jeunes et des familles en difficulté, notamment via des formations professionnelles. Les bénévoles aident aux devoirs, animent des ateliers sportifs ou culturels, aident à la recherche d'emploi…
- **L'Association Petits Princes** réalise les rêves d'enfants et d'adolescents malades. Les bénévoles organisent et animent ces rêves, prospectent de nouveaux partenaires, rédigent des articles pour le site ou le magazine…
- **Aïda** accompagne les enfants atteints de cancer, finance la recherche et sensibilise les jeunes à la maladie. Les missions incluent des visites à l'hôpital, l'organisation de séjours, la confection de box d'activités…

Aide alimentaire

- **Les Restos du cœur** permettent l'accès à des repas gratuits aux personnes démunies. Les missions consistent en la « ramasse » des invendus des supermarchés, la préparation et la distribution de repas chauds.
- **Action contre la faim** vise à éliminer la faim en s'attaquant à ses causes, notamment en prévenant la sous-nutrition. Les bénévoles organisent des événements sportifs et culturels et sensibilisent lors de festivals notamment.
- **Les Banques Alimentaires** luttent contre la précarité et le gaspillage alimentaire. Les bénévoles collectent les denrées, trient et stockent les produits, préparent les commandes des associations…

Protection de l'environnement et des animaux

- **Greenpeace** est une organisation de protection de l'environnement. Les bénévoles organisent des missions de sensibilisation, des revues de presse et de la veille internet.
- **La SPA** (société protectrice des animaux) prend en charge les animaux abandonnés ou maltraités. Les missions incluent les soins aux animaux, l'entretien des lieux ou encore la sensibilisation à la cause animale lors d'événements.

Il existe aussi de nombreuses associations qui ne sont pas caritatives ou humanitaires. Si tu es sportif·ve, tu peux mettre ta passion au service d'un club, si tu aimes la musique, le théâtre ou la danse, tu peux trouver une association culturelle.

Je ne peux pas tout lister ici, mais tu peux fouiller sur le site du gouvernement qui est très bien fait. Tu peux chercher une mission de bénévolat près de chez toi, en fonction des missions qui t'intéressent le plus et de tes disponibilités.

Il y a également l'équipe Jeune et Bénévole, de l'association Tous Bénévoles, qui peut t'informer et te conseiller pour mener à bien ton projet d'engagement.
Tel : 01 42 64 97 34 du lundi au vendredi de 9 heures à 17 heures.

PORTRAIT DE JEUNE ENGAGÉE

Je m'appelle Elisa, j'ai 22 ans et, après des études en vente et administratif, je suis aujourd'hui *office manager*. Mes passions sont la musique (je vais à un max de concerts) et la lecture !

Tous les ans, mon entreprise organise une journée de bénévolat : les salariés choisissent une association partenaire et y passent la journée. J'ai choisi les Restos du cœur et ai récolté des denrées alimentaires aux sorties de caisse d'un supermarché. À la fin, je n'avais plus envie de partir, je voulais rester pour continuer d'aider. J'ai donc cherché sur Internet des associations qui recherchaient des bénévoles et je suis tombée sur le site JeVeuxAider.gouv.fr, qui recense des petites annonces d'associations. J'ai répondu à plusieurs et c'est ATD Quart monde (Agir tous pour la dignité) qui m'a contactée. Il s'agit d'une association qui lutte depuis plus de soixante ans contre la pauvreté et pour le respect des droits fondamentaux et de la dignité de chacun, partout dans le monde.

Ils m'ont proposé de participer à une bibliothèque de rue. L'idée est de favoriser l'accès à la lecture partout : dans la rue, en bas d'un immeuble, dans un lieu isolé… Il y en a dans toute la France. Celle à laquelle je participe se déroule tous les samedis après-midi dans le réfectoire d'un centre d'accueil pour mères célibataires. On a un stock de livres là-bas qu'on sort avec les enfants du centre pour faire une heure et demie de lecture puis trente minutes de dessin. On s'installe sur des tapis au sol et chaque enfant est libre de nous écouter faire la lecture, de lire seul ou avec d'autres enfants. Ce n'est pas toujours évident de maintenir leur attention alors, à la fin de chaque séance, on discute entre nous de comment ça s'est passé, d'idées pour améliorer les prochaines séances et de nouvelles façons de favoriser leur écoute et leur concentration.

Au début, je cherchais juste à occuper mes samedis de manière utile. Aujourd'hui, ça s'est transformé en devoir, en responsabilité (tout en restant un plaisir !), car je sais que ces enfants nous attendent tous les samedis. Au début, ils étaient peu nombreux, mais, après bientôt deux ans, ils sont plus d'une vingtaine à chaque séance, certains nous attendent même parfois dans le hall d'entrée. Ils n'ont pas la même vie que d'autres enfants, ils vivent en communauté et malheureusement ce n'est pas toujours facile… Leurs mamans disent que ça leur fait du bien d'avoir une activité qui sort du cadre habituel du centre d'hébergement. Les autres bénévoles et moi sommes donc super heureux quand on les retrouve le samedi !

Nous sommes plus d'une dizaine d'animateurs pour cette bibliothèque et nous devons être au moins trois personnes par séance. Nous ne sommes donc pas obligés de venir tous les week-ends : j'ai eu des périodes où je ne pouvais pas venir plusieurs semaines consécutives, mais ça n'a en rien impacté l'association ni ma relation avec les enfants. Ça reste un plaisir et j'y vais dès que je le peux !

Depuis que je participe à la bibliothèque de rue, je pense que mon regard sur la vie a changé, en quelque sorte. Je comprends plus de choses sur les difficultés de certains quant à l'insertion sociale et je suis devenue un peu plus empathique. Aujourd'hui, je suis heureuse de passer mes samedis après-midi avec les enfants du centre et j'espère qu'ils le sont tout autant.

@atdqm

elisa

Trouver le bon équilibre

Ce peut être un peu angoissant de se retrouver face aux personnes que l'on aide. On ne sait pas forcément comment réagir, que dire, on ne veut pas blesser la personne, on a peur de la regarder d'une manière qui va la mettre mal à l'aise… Ça a été mon cas les premières fois chez Aïda, mais finalement, j'ai pris conscience que je devais juste parler aux jeunes comme je le ferais avec mes amis.

Après, les autres bénévoles m'ont donné quelques recommandations, par exemple ne pas demander « Comment ça va ? », mais plutôt « Comment tu te sens ? ». Juste cette reformulation, ça change tout. On sait qu'un enfant malade ne va pas bien la plupart du temps. Demander « Comment tu te sens ? », c'est s'intéresser réellement à la personne qu'on a en face de soi en lui redonnant la parole.

Malgré tout, même si on se comporte aussi naturellement que possible, le bénévolat peut être très intense émotionnellement. Les associations en ont conscience et aident les bénévoles à bien cadrer leur engagement.

Lors de la formation chez Aïda par exemple, on nous a bien préparés à ce qu'on allait vivre, au fait que les échanges pouvaient être éprouvants. On ne peut pas aller chaque semaine dans le même hôpital pour ne pas trop s'attacher : ça protège à la fois les bénévoles et les jeunes hospitalisés, pour qu'ils ne souffrent pas trop si un bénévole cesse brusquement de venir. On n'a pas le droit de donner notre numéro ou nos réseaux sociaux pour les mêmes raisons.

On parle parfois de « burn-out militant », quand les bénévoles sont tellement engagés dans une cause qu'ils la font passer avant leur santé mentale ou physique. Ce peut être dû à une surcharge émotionnelle et psychologique, aux difficultés d'être témoin quotidiennement de souffrances, à un travail excessif pour essayer de faire avancer les choses…

Si tu t'engages et qu'une situation te fait beaucoup trop souffrir, que tu t'attaches trop intimement à une personne que tu aides, que tu n'as plus du tout de temps pour toi, tout cela est à prendre comme une alerte et il faut en parler. Si tu ne vas pas bien, tu ne seras pas en mesure d'aider les autres, c'est pour cela qu'il est si important que tu prennes soin de toi.

Mes engagements associatifs

Personnellement, je suis engagée dans deux associations : je suis la marraine d'Aïda et je suis aussi une personnalité amie de l'Unicef.

Chez Aïda, mes missions ont évolué avec le temps. Au début, je suis surtout allée dans les hôpitaux tenir compagnie aux jeunes. Aujourd'hui, je suis moins disponible pour des interventions physiques, mais j'utilise au maximum ma visibilité pour sensibiliser, appeler aux dons, recruter des bénévoles… En 2023, je suis même allée promouvoir à la télévision Noël à l'hôpital !

Noël à l'hôpital est une super opération organisée par l'association. L'idée est d'offrir des cadeaux à 10 000 jeunes partout en France, mais ce qui est magique chez Aïda, c'est qu'on offre aux enfants ce qu'ils désirent vraiment. Dans beaucoup d'opérations cadeaux, les associations récupèrent ce que les gens veulent bien donner, et ce n'est pas forcément ce dont rêvent les adolescents. Alors que là, ils nous disent « Je veux un parfum », « Je veux du maquillage », « Je veux une enceinte » et, grâce aux dons, on leur fait ces cadeaux personnalisés. Tous les ans, on essaie de récolter un maximum de dons, et avec d'autres créateurs de contenu, on essaie de mettre à profit notre notoriété et notre relation avec des marques. Par exemple, si des ados ont réclamé du maquillage ou des lisseurs, je vais demander à Dior Beauty d'envoyer des cartons de maquillage, à GHD d'envoyer leurs derniers appareils… Les marques participent avec plaisir et c'est très important pour moi de voir qu'elles me suivent dans mon engagement. J'essaie aussi d'appeler un maximum de personnes connues pour qu'elles relaient l'opération et fassent des dons, je participe à des vidéos, bref, je fais ce que je peux pour donner de la visibilité à ce projet.

Pour ce qui est de l'Unicef, j'ai eu envie de travailler pendant des années avec eux, mais je n'ai franchi le cap que récemment, en 2023, en les contactant directement.

La première chose que j'ai faite pour l'association, c'était une prise de parole pour le podcast « Tes mots nos maux ». C'est une approche en douceur de la santé mentale : je parlais avec des jeunes, dans mon agence, un lieu « safe » pour moi, et j'ai pu me confier sur ce qui m'arrive quand les émotions me submergent et ce que je fais pour apaiser ça. L'idée était d'offrir une première porte d'entrée vers d'autres discussions sur la santé mentale. Ensuite, dans le cadre de la journée mondiale de la santé mentale 2023, j'ai participé à un temps d'échange retransmis en live sur Instagram et TikTok avec Marie Rose Moro, la pédopsychiatre interviewée en page 36, et Sarah Ben Smida, qui est en charge du programme santé mentale à l'Unicef France.

Pour la journée mondiale de l'enfance, j'ai tourné une vidéo pour faire entendre la voix des enfants qui n'ont toujours pas accès à la santé ou à l'éducation. D'ici 2030, 48 millions d'enfants de moins de 5 ans risquent de mourir de maladies évitables. Je trouve ça terrible qu'on n'en parle pas plus, ces chiffres m'ont glacée.

Mon rôle consiste aussi à mettre à profit ma visibilité pour lancer des appels aux dons. Fin 2023, ces dons ont permis d'offrir des box d'urgence (eau et hygiène, grand froid, nutrition, santé…) à des personnes dans le besoin.

Plus récemment, je me suis mobilisée avec d'autres artistes dans le cadre du mouvement « All eyes on Gaza » qui collecte des fonds au profit de l'Unicef pour apporter une aide humanitaire aux enfants de Gaza.

Ce qui est super avec l'Unicef, c'est qu'ils ne cherchent pas juste des personnes connues pour être leurs ambassadeurs, mais des personnes profondément engagées et investies sur le long terme, pendant plusieurs années.

L'Unicef a un programme Jeune Ambassadeur pour les enfants et les jeunes entre 10 et 26 ans. Le rôle du Jeune Ambassadeur est de représenter l'Unicef auprès de son entourage et de faire connaître ses missions sur le terrain. Il peut mener les projets qui lui permettent de sensibiliser les personnes aux droits de l'enfant et collecter des fonds (organiser un atelier dans un établissement scolaire, une tombola…). Pour ça, l'Unicef met à sa disposition toutes les ressources nécessaires à la réalisation de son projet grâce à des bénévoles et à des outils en ligne.

Ce qu'apporte le bénévolat

Être devenue bénévole de l'association Aïda a été une des plus belles choses de ma vie. J'ai pu avoir un impact positif sur des personnes qui en avaient vraiment besoin.

En s'engageant auprès de personnes qui vivent des situations qui, d'une certaine manière, les excluent de la société, on se rend compte de l'importance d'une chose très simple et pourtant essentielle : l'humanité.

En discutant avec elles, en leur souriant, en les regardant dans les yeux, on leur renvoie le message primordial qu'elles sont aussi des êtres humains, qu'on les respecte et qu'on les considère. Il n'y a besoin d'aucune compétence pour ça et ça apporte beaucoup aux autres.

« Tu as changé sa vie aujourd'hui, sincèrement. » J'ai reçu ce message de Léa Moukanas, la fondatrice d'Aïda, après que j'ai rencontré une jeune fille atteinte d'une maladie incurable. Si j'écris ça, c'est pour montrer que trois heures de notre journée peuvent impacter quelqu'un à vie, que nos actions peuvent avoir un impact plus large que ce que nous imaginons.

Cette fille, comme beaucoup d'enfants hospitalisés, se sentait seule et incomprise, ce qui l'amenait à s'isoler encore plus. Alors nous avons beaucoup parlé de la vie, de tout et de rien, elle m'a posé des questions sur mon métier… Et moi, je l'ai encouragée à se sociabiliser avec les autres jeunes de la clinique pour qu'elle s'ouvre aux autres, au-delà de sa famille. C'est ce qu'elle a fait après mon passage, alors qu'elle refusait de le faire avant. Je pense que le fait de discuter sans forcément parler de la maladie, mais juste de nos vies, de nos centres d'intérêt, de nos émotions, a pu lui permettre de se sentir stimulée et « ado » à nouveau.

Quand j'ai lu le message de Léa Moukanas, que j'ai su que mes paroles avaient eu un impact sur cette jeune patiente, j'ai été très émue. C'est difficile d'expliquer ce qu'on ressent dans ces moments-là, il faut le vivre.

Soutenir après la maladie

Une autre personne qui m'a marquée chez Aïda est Matthéo[17]. Il est accompagné par Aïda depuis des années. Il est guéri de son cancer, mais il en garde des séquelles lourdes : il est paraplégique. L'association continue donc de le soutenir dans sa vie de tous les jours.

Matthéo est une belle rencontre de mon engagement. J'ai pu passer quelques après-midi avec lui.

Je vais directement chez lui pour les rencontres. Je rapporte quelques courses et on discute de tout et de rien. Puis on va faire un jeu, un petit bac par exemple, et ensuite une petite sortie dans la rue.

En soi, on ne fait rien de spécial, mais ce sont des moments de joie, de rire et de partage. En écoutant Matthéo, je me rends compte de l'importance que ça a à ses yeux. Il dit souvent qu'Aïda est sa deuxième famille et que, sans elle, il n'aurait pas survécu. C'est dans ces moments-là que je prends conscience de l'impact phénoménal qu'on peut avoir en tant que bénévole.

Prendre du recul

Prendre du recul sur les événements de ma vie est sûrement une des choses les plus difficiles pour moi. Je suis très sensible et, dès qu'il m'arrive quelque chose, ça part dans les excès. J'ai beaucoup de mal à gérer mes émotions et à me détacher de tout ce qui m'arrive, que ce soient des choses tristes ou joyeuses ou même de petits détails de la vie quotidienne.

Mon engagement associatif m'a justement beaucoup aidée à prendre du recul sur les événements. Rencontrer régulièrement des enfants et des adolescents atteints d'un cancer, qui passent des mois, voire des années à l'hôpital, m'oblige à prendre le temps de me poser pour juger de la gravité de mes problèmes.

17. Le prénom a été modifié à la demande de la personne.

Ça ne veut pas dire qu'il faut tout relativiser en se disant qu'il y a d'autres personnes qui vivent bien pire ailleurs. On vit nos émotions en fonction de notre vécu, de notre point de vue. Si on ressent des émotions, c'est qu'elles sont légitimes, mais le bénévolat permet en tout cas de mieux les gérer et de mieux évaluer ce qu'on traverse pour ne pas mettre toutes les difficultés à égalité.

Je peux mieux juger quels événements méritent d'être approfondis, réfléchis, et les séparer des situations anecdotiques. Ces dernières pourront me faire me sentir mal, triste ou énervée, mais ça passera aussi vite que c'est venu. J'ai encore du mal à ne pas laisser mes émotions déborder, mais je suis plus objective sur la gravité de mes problèmes.

Le bénévolat permet ainsi d'apprendre à se focaliser sur les choses importantes et à ne pas perdre de l'énergie sur ce qui n'en vaut pas la peine. En devenant bénévole, on en apprend beaucoup sur soi, on change sa façon de communiquer, on développe son empathie… et encore plein d'autres choses qui font qu'on se sent meilleur. Il ne s'agit de pas de se sentir supérieur ou de se donner bonne conscience, mais simplement d'être mieux avec soi-même.

PORTRAIT DE JEUNE ENGAGÉE

Je m'appelle Jihene, j'ai 18 ans et je fais des études de commerce. Je suis passionnée par la photographie, en particulier à l'argentique.

J'ai été éduquée dans un milieu valorisant la solidarité. En effet, dans ce qui m'a construite (ma culture, ma religion, ma famille franco-marocaine…), l'entraide a toujours été très importante. Ayant baigné dans cette atmosphère depuis petite, je me suis toujours posé beaucoup de questions : ai-je un impact positif autour de moi ? Suis-je utile dans la société ? Comment pourrais-je donner davantage de mon temps aux autres ? Dans ma quête de sens, j'ai commencé à chercher comment je pouvais agir de manière concrète.

À 11 ans, j'ai siégé dans une Junior asso, un système d'association pour les 11-17 ans, encadrés par des éducateurs, que la mairie avait implémenté dans ma ville pour pousser les jeunes à s'engager. On faisait ponctuellement des maraudes auprès des sans-abri : de la distribution de repas et de denrées alimentaires pour créer du lien social et accompagner ces personnes. Je pense qu'avoir été exposée à ce monde-là (et à cette réalité que sont les inégalités sociales) dès mon plus jeune âge a été une bonne chose, dans le sens où ça m'a permis d'acquérir un certain degré de maturité.

En 2022, après un déménagement, j'ai cherché une association dans laquelle continuer ces maraudes, parce que c'est une action qui m'avait marquée : il y avait un contact direct entre nous et les bénéficiaires, c'était réel et humain. Je suis alors tombée sur un TikTok de l'association Umanah, qui mène des actions humanitaires à Paris, mais aussi à l'international. Au début, j'appréhendais légèrement le fait de l'intégrer, car c'est toujours difficile d'être

« nouvelle », mais j'ai sauté le pas et j'ai commencé à participer aux maraudes. J'ai tout de suite aimé l'ambiance de l'asso, la façon dont elle défend ses valeurs et la relation qu'elle entretient avec ses bénéficiaires. En plus des maraudes, il m'arrive de participer aux collectes alimentaires, aux distributions de colis en hôtels sociaux et à l'organisation d'événements de collecte des fonds, car je suis aujourd'hui dans le pôle *event*.

Même si je me suis engagée assez tôt (non pas qu'il y ait un âge pour cela), je n'ai jamais ressenti que mon âge pouvait freiner mes actions dans le bénévolat, mes parents ont juste dû signer des autorisations parentales. Les associations humanitaires essaient justement d'inclure de plus en plus la jeunesse, car c'est très important de toucher plusieurs catégories de personnes différentes, d'être intergénérationnel et même interculturel.

Dans mon cheminement de recherche d'utilité et de sens, j'ai adhéré à d'autres associations. Je fais ainsi du bénévolat chez SOS Méditerranée, une ONG de sauvetage en mer, que j'ai rejointe en 2023. La mer Méditerranée est une des voies migratoires les plus fréquentées et meurtrières au monde : le navire de sauvetage *Ocean Viking* porte secours aux migrants qui tentent la traversée et risquent les naufrages. Mes missions relèvent surtout de la sensibilisation : je tiens des stands dans des concerts, des avant-premières, des expositions. J'y présente l'association, j'explique les enjeux de ce qu'il se passe en Méditerranée, je distribue de la documentation… Parfois, on va dans des écoles, des lycées et des universités pour effectuer ce travail de sensibilisation.

Dans le cadre de mes études, je fais également partie d'une association dans laquelle on organise des visites à l'hôpital pour jouer avec les enfants. Je fais également du tutorat tous les samedis matin dans mon école, pour un groupe de lycéens atteints de handicap (travail sur la confiance en soi, ateliers d'orientation, activités en anglais…). Enfin, je suis engagée dans des organisations culturelles : je fais partie de l'association de photographie de mon école et du collectif Sistâ Global Club, une association de femmes créatives se regroupant autour d'événements culturels. J'organise des ventes de gâteaux pour récolter de l'argent, des expositions photo et des événements créatifs, j'alimente les réseaux sociaux…

Ça peut paraître beaucoup, mais j'ai vite trouvé un équilibre avec mes études. Il n'y a pas de participation obligatoire avec ces associations : je choisis quand je veux faire du bénévolat et je participe aux actions et événements selon mes disponibilités.

Lorsqu'on fait du bénévolat, ça impacte considérablement notre vie. Personnellement, participer et m'investir dans des actions humanitaires m'a apporté beaucoup de satisfaction personnelle, dans le sens où on se sent réellement utile, et c'est quelque chose qui me rend fière. De plus, faire du bénévolat peut changer notre vision du monde : on se sent beaucoup plus reconnaissant pour notre vie lorsque l'on comprend que d'autres rêveraient d'être dans nos baskets. Lorsqu'on prend conscience du confort dans lequel on vit (avoir un toit, avoir accès à l'eau, pouvoir se laver tous les jours…), on ose alors moins se plaindre pour des choses futiles. Cela nous pousse à être plus positif et empathique.

À force de me voir partir en maraude toutes les semaines, ça a attisé la curiosité de mes proches. Mon frère Nassim a donc rejoint l'asso un peu après moi, et j'ai aussi embarqué mon amie Alix, qui est très engagée.

Dans le futur, j'espère pouvoir continuer d'évoluer au sein d'un environnement solidaire et engagé, dans lequel je pourrai défendre mes valeurs de façon concrète. Pourquoi pas travailler dans une ONG, porter des projets responsables et engagés au sein d'une entreprise ou, qui sait, créer ma propre association ? J'ai plein d'idées qui fusent dans ma tête et j'ai hâte de les mettre en œuvre.

@asso.umanah

@sosmediterranee_france

SOS Méditerranée.

D'autres formes d'engagement

Pour clore ce chapitre, j'aimerais évoquer l'engagement en association sur le plus long terme. En parallèle des missions bénévoles, qu'elles soient régulières ou ponctuelles, il existe en effet plusieurs formes d'engagement à temps plein.

Le volontariat

C'est un engagement sur la durée (de 2 à 24 mois). On touche une indemnité qui varie en fonction de la mission, du temps passé… On peut être volontaire pour une mission en France ou à l'étranger.

De la même manière que tu prendrais une année sabbatique entre deux années universitaires, tu peux partir en mission de volontariat. Ça te permet de gagner en compétences, car tu es missionné sur un poste précis et tu peux même bénéficier de formations.

Faire du volontariat, avant ou pendant tes études supérieures, est aussi l'occasion de prendre le temps de réfléchir à ce que tu souhaites faire dans la vie.

Le service civique

Pour aider les jeunes qui souhaitent s'engager, l'État a mis en place le service civique, une forme de volontariat. Il permet d'effectuer une mission d'intérêt général de 6 mois à 1 an dans un organisme privé ou public et de percevoir une indemnité. Il faut avoir entre 16 ans et 30 ans (et si tu es mineur·e, il faut l'autorisation de tes représentants légaux).

La création d'association

Créer sa propre association est une énorme responsabilité, mais on peut avoir envie de le faire s'il n'y a pas de structure qui s'occupe du sujet qui nous tient à cœur ou alors pas de la manière dont on souhaiterait s'en occuper.

Pour te lancer, tu peux prendre contact avec la maison des associations de ta ville et échanger avec des personnes qui ont déjà créé leur association. Elles pourront t'expliquer comment elles ont fait et la réalité de ce travail. Prends le temps de te renseigner sur ce que ça signifie concrètement de créer une association : financement, engagement à long terme, encadrement d'une équipe et de bénévoles…

Bon à savoir : avant ou après 16 ans

Les règles pour créer une association quand tu es mineur·e ne sont pas les mêmes selon ton âge.

Avant 16 ans, tu peux créer ton association avec l'accord de tes représentants légaux.

Entre 16 et 18 ans, tu peux créer une association ou intégrer une instance de direction sans l'autorisation préalable de tes représentants légaux. En revanche, ils doivent être prévenus par courrier pour s'assurer qu'ils ne s'y opposent pas.

Il existe également des organismes qui accompagnent la création d'association :

- **La Croix-Rouge** a mis en place l'accompagnement Red Touch, rebaptisé Croix-Rouge Initiatives, pour les personnes qui veulent lancer un projet solidaire : conseils méthodologiques et aides financières (jusqu'à 5 000 euros).
- **Le réseau national des jeunes associations (RNJA)** aide les jeunes, au niveau local, départemental ou national, à créer leur projet associatif. Tu crées une « Junior association » qui n'a pas le statut juridique d'une association, mais qui fonctionne de la même manière. Le RNJA va fournir le cadre juridique (assurance, compte bancaire) et te former et te conseiller sur les démarches.

L'engagement de LÉA MOUKANAS

Léa Moukanas, la fondatrice d'Aïda, m'inspire énormément. Elle a créé son association en étant mineure et est un modèle de persévérance, de courage et de générosité.

Pour toi, ça veut dire quoi s'engager ?

Pour moi, la première chose que ça signifie, c'est vouloir faire quelque chose de concret. C'est à 15 ans, lorsque j'ai perdu ma grand-mère d'un cancer, que j'ai eu pour la première fois cette volonté. Je me suis retrouvée dans un monde hospitalier que je ne connaissais pas du tout et je me suis dit : « J'ai envie d'apporter quelque chose à mon échelle. » J'ai contacté quelques associations, mais je me suis rendu compte que c'était difficile de pouvoir s'engager à cet âge-là. Alors, pour pouvoir agir malgré les freins, j'ai créé l'association Aïda qui permet pour la première fois à des jeunes de s'engager pour la santé d'autres jeunes.

Comment es-tu passée d'une idée à quelque chose de vraiment concret ?

J'ai toujours eu envie de faire quelque chose, je pense même avant la mort de ma grand-mère. Quand on y pense, 2015 était une année anxiogène avec, notamment, les attentats du 13 novembre. J'avais alors le sentiment de ne rien contrôler, d'être en bas d'une montagne qui allait être très haute à gravir. M'engager, ça a vraiment été un moyen de reprendre le contrôle et d'être en action.

Au début de mon engagement, je n'ai eu que des refus. À ce moment-là, j'étais en colère. Je ne comprenais pas comment on pouvait reprocher aux jeunes d'être une « génération canapé » alors qu'ils voulaient s'engager, mais qu'on ne leur donnait pas l'opportunité de le faire.

Pour créer une association, il y a plusieurs étapes. D'abord, j'ai cherché des informations et des documents sur Internet. Ensuite, je suis passée à l'étape administrative. Il fallait remplir beaucoup de documents, comme les statuts de l'association. Et la troisième et dernière étape a été de motiver d'autres personnes à s'engager.

Comment as-tu fait justement pour trouver d'autres jeunes (ou moins jeunes) prêts à te suivre ?

À ce moment, j'ai pris conscience de deux choses. La première, c'est qu'en créant une association ou en t'y engageant, tu n'es pas seul. Il y aura donc toujours des personnes qui auront les compétences pour faire grandir l'association. Par exemple, si pour toi, la chose la plus facile, c'est de trouver une idée de projet, il y aura d'autres personnes pour qui ce sera plus simple d'embarquer les autres, de les motiver, ou encore de prendre la parole en public… Chez Aïda, les bénévoles qui se sont engagés avec moi au commencement n'étaient pas forcément dans mon groupe d'amis. C'étaient des élèves de ma promo qui étaient touchés par la cause ou qui avaient déjà essayé de s'engager sans succès. C'est grâce à eux qu'Aïda s'est fait connaître dans la promotion et des lycées voisins.

La deuxième chose qui m'a vraiment marquée, c'est que j'ai rencontré beaucoup de jeunes qui avaient envie de s'engager. Ils n'utilisaient pas forcément le mot « engagement », mais ils avaient envie d'apporter leur pierre à l'édifice. Finalement, ce qu'a apporté Aïda, c'est une solution qui permet à chaque jeune qui le souhaite de s'engager.

Avec Aïda, j'ai aussi découvert la force du collectif. C'est une expérience incroyable de voir plein de personnes apporter quelque chose à ton idée de départ pour en faire une aventure encore plus exceptionnelle que ce que tu avais imaginé.

Comment as-tu réussi à gérer ton temps entre tes études, ta vie personnelle et ton association ?

Si tu as vraiment envie de faire quelque chose, il faut essayer de trouver du temps. Parfois, c'est vrai que cela implique de faire des choix.

Chez Aïda, on a choisi un engagement « à la carte ». Cela veut dire que tu n'as pas de nombre d'heures d'engagement minimum dans la semaine ou dans le mois. Une fois que tu reçois ta formation, tu peux participer aux actions concrètes que l'on propose. Ça peut être trente minutes ou une heure dans la semaine, dans le mois ou dans l'année.

Que répondrais-tu à un jeune qui dit que c'est compliqué pour lui de s'engager parce qu'il n'a pas d'argent ?

L'engagement n'a rien à voir avec l'argent. Au moment de la création d'Aïda, on avait 15 ans, autant dire qu'on ne gagnait pas notre vie. Et l'on a quand même pu faire quelque chose de concret. Aller rendre visite à un jeune dans un hôpital, pour la personne qui s'engage, ça ne coûte rien.

En France, on a mis un mot sur le fait de donner son temps, de soutenir une cause. On a appelé cela l'engagement. J'ai envie de te parler de l'exemple du Liban. Je suis née à Beyrouth et j'ai grandi dans une famille libanaise. Là-bas, il y a une sorte de valeur intrinsèque de solidarité qui fait que tu ne mets pas de mot sur ces actions. Tu fais les choses, tout simplement. Par exemple, ta famille a besoin de soutien sur place, tu contribues comme tu peux depuis l'étranger. Ta voisine vit toute seule, tu vas la voir tous les deux jours pour savoir si tout va bien, si elle a besoin que tu fasses ses courses par exemple. Comme il n'y a pas d'État et que les associations existent depuis peu de temps, il y a vraiment cette réalité que c'est la société qui doit être solidaire.

À aucun moment, je ne me suis dit : « Je suis jeune et engagée. » C'est la société et les médias qui ont posé ce regard sur moi, sur nos actions, et qui ont coché cette case.

Comme tu l'as dit, beaucoup de jeunes veulent s'engager, mais ils ne savent pas comment faire, par où commencer, à qui s'adresser. Qu'est-ce que tu peux leur conseiller ?

Il y a de plus en plus d'associations qui prennent les jeunes et de plus en plus de projets créés par des jeunes. Je pense à l'Association de Jeunes pour le Développement à Bagnolet (AJDB), 7 Dreams à Saint-Denis, à Want to Help ou encore à Tesslab à Strasbourg. Bien sûr, chez Aïda, on serait super contents d'accueillir des jeunes qui auraient envie de s'engager. Il y a le choix maintenant !

Est-ce que tu as aussi quelques conseils pour ceux qui ont peur de s'engager parce qu'ils ne savent pas s'ils sauront bien réagir à ce qu'ils vont vivre ?

C'est OK d'avoir peur. La rencontre, découvrir d'autres jeunes et moins jeunes qui viennent d'horizons différents, cela peut faire peur, bien sûr.

Moi aussi, quand j'ai commencé à m'engager, certaines situations nouvelles me terrifiaient. J'ai eu la chance d'être entourée de gens qui ont fait du bien à Aïda et qui m'ont fait prendre confiance en moi par la même occasion. Comme l'écosystème associatif n'est pas toujours facile, il est important de choisir une association dans laquelle tu te sens bien. C'est la responsabilité de l'association de répondre à tes questions et de t'accompagner étape par étape.

Chez Aïda, on forme les bénévoles à intervenir à l'hôpital. C'est fondamental, car on va se confronter à quelque chose qui est difficile, quelque chose qui peut faire peur, donc on va accompagner chacun de nos bénévoles.

Ce que je peux aussi conseiller, c'est de ne pas forcément s'engager seul. Souvent, on a des jeunes qui s'engagent avec leurs amis, leurs cousins, leur copine… D'être au moins à deux peut vraiment aider – mais ce n'est pas obligatoire, bien sûr.

Les équipes de l'association sont aussi là pour répondre aux questions que tu te poses. Par exemple, chez Aïda, nous avons créé un « café bénévole » : un temps où chacun peut poser toutes ses questions. Je pense qu'il ne faut pas hésiter à demander aux associations ou à des bénévoles que tu connais déjà si tu peux avoir 10-15 minutes pour échanger sur comment les actions se déroulent concrètement, si c'est une association qui te correspond. Ça peut te rassurer.

Et est-ce que toi, tu as eu peur ?

Je ne sais pas si c'était de la peur… Moi, c'était vraiment une question de légitimité : je me sens à ma place et, pourtant, je sens que la société pense que je ne suis pas à ma place.

Après, il y a eu des moments où j'ai eu des angoisses. Quand j'ai lancé Aïda, aucun hôpital ne voulait s'engager avec nous. Et pourtant, il y avait des dizaines de jeunes (dans mon lycée et celui d'à côté) qui voulaient s'engager à ce moment-là. Ma seule peur, c'était de les décevoir.

On est beaucoup à penser que la santé peut être un sujet angoissant. Tout cela peut nous sembler infiniment grand. C'est vrai que ce sont des choses que l'on ne peut pas vraiment contrôler : la maladie, la mort… Toutefois, le fait d'agir, de se mettre en mouvement, de faire quelque chose de concret, de sentir qu'on sert à quelque chose, je trouve que ça permet de mettre de l'infiniment petit dans cet infiniment grand. Donc, oui, il y a des choses qui nous semblent injustes, que nous ne pouvons pas contrôler, qui sont anxiogènes et stressantes, mais le fait de donner deux heures de notre temps, de faire de notre mieux et de voir que ça peut contribuer à changer les choses, ça peut aussi nous faire du bien.

Ça fait maintenant 9 ans que tu as créé Aïda, qu'est-ce que ça t'a apporté dans ta vie ?

La première chose, c'est qu'Aïda a changé ma vie parce que ça m'a fait rencontrer des personnes que je n'aurais jamais rencontrées si je ne m'étais pas engagée. Quand tu vas dans un hôpital, tu rencontres des bénévoles qui viennent de partout dans la région, des soignants, des jeunes qui malheureusement passent par la maladie. Tu rencontres aussi des gens qui vont te soutenir et te donner de la force. Je me rappelle l'une de mes rencontres les plus marquantes, c'était avec Reda qui était détenu dans une maison centrale en Île-de-France. Il nous a contactés parce qu'il voulait faire des tours de terrain en prison pour collecter des fonds pour Aïda. Je suis donc allée à la rencontre de détenus qui étaient là depuis dix, quinze, vingt ans. Et sans leur engagement, je n'aurais jamais tissé de liens avec eux. Ça, c'est juste incroyable ! Toutes ces rencontres m'ont vraiment fait grandir.

La deuxième chose, c'est que, lorsque l'association a grandi, j'ai eu beaucoup de responsabilités alors que j'étais assez jeune. J'ai dû gérer des choses qui ne sont pas forcément faciles tous les jours. Et ça, ça m'a fait grandir et relativiser. Quand je vis un truc compliqué dans ma vie personnelle ou au travail, je me dis « j'ai vécu pire » ou « il y a plus grave ». Ce qui est important, c'est la santé physique et mentale. Ce qui compte, c'est de faire de son mieux.

Au collège, j'étais vraiment très timide. Créer Aïda, ça m'a permis de m'ouvrir aux autres. Et, bien sûr, l'association a aussi donné un sens à ma vie. Maintenant, je sais que le sens de ma vie, c'est d'améliorer la santé des jeunes et d'œuvrer pour notre système de santé. Aïda, c'est une façon de le faire, il y en aura peut-être d'autres un jour, mais je sais que c'est ce que je veux faire de ma vie, je sais que c'est ce qui me passionne et c'est ce qui m'a permis de trouver ma place.

Est-ce que tu sais ce qui est à venir pour Aïda dans un futur proche ? Est-ce que toi, tu as des envies particulières ?

Dans quelques mois, Aïda va fêter ses 10 ans. L'association continue et va continuer de grandir pour soutenir un maximum de jeunes tous les ans avec de nouveaux projets. Plus que jamais, on a besoin de renforts pour atteindre tous nos objectifs !

Actuellement, on est dans les préparatifs de « Noël à l'hôpital » qui aura lieu cette année avec de nombreuses surprises. Chaque année, on a une liste de cadeaux utiles et personnalisés à offrir aux jeunes hospitalisés, qui ont choisi ce qu'ils souhaitaient recevoir : une enceinte ou un casque audio, une partie du permis de conduire, des places de concert ou un week-end en dehors de l'hôpital. Pour participer et offrir un cadeau, c'est sur le site :

Et on a aussi créé en 2023 une formation qui s'appelle l'Académie des adolescents et des jeunes adultes (AJA) dont l'objectif est de faire de l'expérience de la maladie chez les jeunes une expertise pour leur permettre de s'engager pour le système de santé.

Je suis convaincue que l'une des façons d'améliorer notre système de santé, c'est de mettre autour de la table ceux qui sont concernés, ceux qui ont été malades, ceux qui soignent, ceux qui peuvent être amenés à décider et que tous ensemble on puisse se dire : on va s'engager avec un horizon commun et avec nos différences.

Association Aïda

PARTIE 6

S'engager lors d'un voyage solidaire pour s'ouvrir au monde

Le voyage solidaire est une magnifique façon de t'engager, car en plus de rencontrer des personnes incroyables, il permet de découvrir d'autres cultures, d'autres pays.

Attention, ce ne sont pas des vacances, c'est un engagement qui se réfléchit, qui se prépare, encore bien plus que le bénévolat. Toutefois, si tu es motivé·e, ce sera une expérience inoubliable.

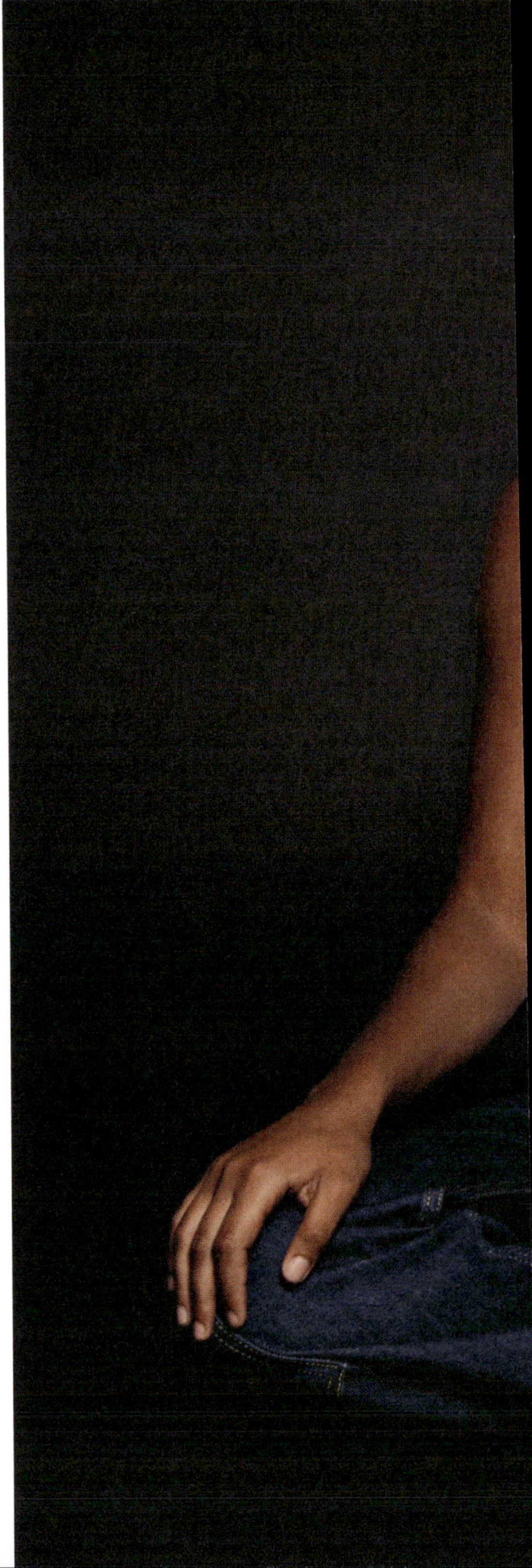

« Notre seul espoir réside dans le pouvoir de notre amour, de notre générosité, de notre tolérance et de notre compréhension et de notre engagement à faire du monde un endroit meilleur pour tous. »

Mohammed Ali

C'est quoi, un voyage solidaire ?

On confond souvent « voyage solidaire » et « voyage humanitaire ». Un voyage humanitaire s'inscrit dans un contexte d'urgence (catastrophe naturelle, conflit armé…) et ce sont généralement des professionnels de l'humanitaire qui y participent, par exemple des médecins urgentistes.

Un voyage solidaire implique moins d'enjeux et n'exige pas de compétences particulières. L'idée est plutôt de favoriser les rencontres et les échanges avec la population tout en contribuant à l'économie locale, en finançant certaines actions sur place et en menant des missions de court terme. Celles-ci peuvent inclure de l'aide pour des tâches du quotidien ou de soutien scolaire, l'organisation de sorties… Pour avoir un impact sur le long terme, les associations proposent généralement des options de parrainage.

J'ai eu la chance de partir en voyage solidaire au Togo et ça a été l'une des expériences les plus marquantes de ma vie. Avant d'en parler, j'aimerais faire un petit point sur les critiques faites à l'encontre des voyages solidaires et de leurs participants, pour trier le vrai du faux.

Parlons du white savior

L'expression « *white savior* » (sauveur blanc) désigne les personnes privilégiées et le plus souvent blanches qui partent dans les pays du Sud « sauver » les populations locales. Elles se mettent en scène lors de leurs missions, par exemple via des photos publiées sur les réseaux sociaux, se positionnant ainsi comme de bonnes personnes, voire des héros. Elles pensent à elles, à leur image, avant de penser aux populations qu'elles disent vouloir aider, et ne s'intéressent même pas à leur culture.

Je ne suis pas blanche, mais, étant privilégiée et ayant posté des photos sur Instagram, on a pu m'accuser de faire la *white savior* quand je suis partie au Togo.

Je ne suis pas partie en voyage avec l'ambition de sauver qui que ce soit ni de me mettre en avant comme une bonne personne. J'étais dans une optique de rencontres et d'échanges mutuels, tout simplement. Oui, il y a peut-être des *white saviors* qui veulent se donner bonne conscience en postant des photos d'eux en train de donner le biberon à de petits enfants noirs, mais il y a aussi plein de personnes qui partent avec l'envie sincère d'aider, de se sentir utiles, et se retrouvent parfois victimes d'arnaques où elles vont payer un voyage une fortune pour réaliser une mission qui ne servira pas les populations locales. Il y a des gens comme moi qui vont avoir la chance de vivre une super expérience où la priorité est mise sur les relations. Bref, c'est nuancé, tout n'est pas noir ou blanc.

Ni les autres bénévoles ni moi n'étions là pour « sauver des gens » de la famine, du paludisme ou de quoi que ce soit, on n'avait pas les compétences pour. On n'était même pas là pour construire des maternités et des hôpitaux. Ce n'est pas moi, Paola, avec mes cinquante kilos et mes petits muscles, qui vais construire un bâtiment d'utilité publique en trois semaines. Laissons ce travail aux populations locales, qui en ont besoin. Si on doit donner quelque chose, ce sont plutôt les financements !

Justement, selon moi, ce n'est pas parce qu'on donne de l'argent qu'on se prend pour un sauveur. J'ai la chance de vivre confortablement, j'ai des moyens. Alors, évidemment que j'ai souhaité donner de l'argent : j'ai parrainé plusieurs enfants pour qu'ils aient un meilleur accès à l'éducation et à la santé. C'est juste une question de logique et de gratitude envers les personnes qui m'avaient accueillie pendant ce voyage.

Bien sûr, si tu as des compétences spécifiques ou une expertise dans un domaine, c'est génial de les mettre au service des populations locales ! C'est le cas de Daniel (voir témoignage page 180) qui a décidé à la retraite de partager bénévolement ses connaissances et de partir à l'autre bout du monde aider sur des chantiers.

Pourquoi je suis partie

Si j'ai eu l'idée de faire un voyage solidaire en Afrique, c'est parce que je suis africaine. Ma maman est du Cap-Vert, et je souhaite découvrir mes origines et explorer le continent de mes ancêtres. Un de mes rêves est de visiter tous les pays africains, mais pas depuis un hôtel avec piscine. Très sincèrement, si je suis partie au Togo, c'était avant tout pour découvrir le pays et rencontrer des Togolais.

Quand je vais au Cap-Vert, je rencontre plein de monde : de la famille, des amis, des amis d'amis. Dans les autres pays, je ne connais personne ! Je ne me sentais pas capable de partir seule, avec juste un sac sur le dos. Je suis donc partie au Togo avec un organisme dans ce but-là : rencontrer des Togolais. Via une association qui œuvre pour améliorer la vie quotidienne des enfants, j'ai pu accéder à des villages où je ne serais jamais allée autrement et j'ai pu faire des rencontres formidables et vivre avec des Togolais pendant deux semaines.

Partir dans un pays lointain, dans mon cas, dans un village reculé du Togo, c'est une expérience qui peut faire peur. Alors, j'ai décidé de partager cette aventure avec deux amies. Si toi aussi ça te stresse un peu, n'hésite pas à embarquer d'autres personnes avec toi. En plus, ça vous fera des souvenirs inoubliables. Nous avons eu tant de fous rires, de moments d'émerveillement et de solidarité, et quelques larmes… Ça restera gravé dans nos mémoires.

PORTRAIT D'UNE FAMILLE ENGAGÉE

Léa : J'ai 18 ans et je suis actuellement en première année d'école d'infirmière. Ce qui me plaît le plus dans ces études, c'est le fait de me sentir utile pour les personnes en situation de vulnérabilité. En parallèle, je pratique le volley, j'aime lire, voyager et apprendre.

Aider les autres est quelque chose que je connais depuis toute petite grâce à l'association dans laquelle œuvre mon grand-père : ABGO (À bras grands ouverts) et je pense qu'aujourd'hui il est important de s'entraider et d'apporter une nouvelle vision de l'engagement et du bénévolat.

Daniel : Je m'appelle Daniel et je suis le grand-père de Léa. J'ai été dirigeant d'une agence de services télécom, énergie et informatique. Ma plus grande passion est de découvrir de nouveaux horizons, car j'ai la chance de pouvoir voyager.

J'ai commencé à faire de l'humanitaire à 56 ans quand je suis parti en retraite. Il me fallait partager toutes les connaissances acquises pendant ma carrière telles que la physique, l'électronique, la conduite de projets et l'informatique pour en faire bénéficier les autres et notamment les plus démunis. Ma première mission était au Sri Lanka, à la suite d'un tsunami qui avait détruit des maisons de pêcheurs. Je suis parti construire dix maisons avec d'autres bénévoles et les locaux, en 2006.

Léa et

Un an plus tard, j'ai découvert AGBO pour une mission au Cambodge : nous avons construit un réfectoire et une cuisine en orphelinat.

En 2015, j'ai intégré le bureau d'AGBO. À l'époque, j'étais la seule personne qui allait sur le terrain pour faire réaliser les travaux de construction. Le bilan de nos actions est conséquent : construction de deux écoles primaires et d'une maternelle au Sénégal, réparation de vingt-trois salles de classe aux Philippines après un typhon et mise en place d'une école flottante sur le lac Tonlé Sap au Cambodge.

Léa : Je suis allée voir les constructions d'écoles au Sénégal et au Cambodge. Sur place, je n'ai pas fait grand-chose, car j'étais très jeune.

J'aide plutôt l'association au niveau de la communication, sur le site et sur les réseaux sociaux. J'ai également prêté ma voix afin d'effectuer un slam en studio et des musiques qu'on retrouve sur le site web et la chaîne YouTube de l'association.

Daniel : En 2018, j'ai découvert l'existence des « enfants fantômes » grâce à mon notaire qui venait d'écrire un livre sur le sujet[18]. Ces enfants ne sont pas orphelins, mais, à leur naissance, ils n'ont pas été déclarés à l'état civil dans le délai légal. Ils n'existent donc pas aux yeux de l'administration et, de ce fait, sont condamnés : pas d'accès à l'éducation ou aux soins, risques d'être victimes de trafic d'organes ou de prostitution… Il y aurait dans le monde 250 millions d'enfants sans identité et plus d'un milliard d'hommes et de femmes ! C'est intolérable au XXIe siècle.

Quand je suis devenu président de l'association en 2019, et face aux difficultés à collecter des fonds pour construire des écoles, il m'est apparu comme une évidence de réorienter l'action d'AGBO vers la cause des enfants fantômes. Pour régulariser la situation de ces enfants, nous travaillons en collaboration avec les autorités

18. Laurent Dejoie et Abdoulaye Harissou, *Les Enfants fantômes*, Albin Michel, 2014.

administratives du pays (tribunaux, mairies, corps enseignants et maternités). En cinq ans, nous avons aidé à l'enregistrement à l'état civil de 40 000 enfants au Cambodge et au Sénégal.

Mon engagement est aujourd'hui une occupation à temps complet. Je collecte des fonds auprès de nos donateurs et grâce aux carnets d'adresse des anciens présidents, car nous ne recevons aucune aide financière de collectivités. Les montants pour agir sont peu élevés (quelques milliers d'euros par an), mais de plus en plus difficiles à trouver... Tous les courriers adressés aux hommes politiques ou collectivités sont restés lettre morte.

En parallèle, je voyage dans les deux pays pour établir les conventions de partenariat et mesurer les résultats obtenus. Nous traversons beaucoup d'émotions lors de ces voyages et le sourire des familles après chaque action est un moment magique.

La plus belle réussite se lit dans le regard des enfants quand vous inaugurez une salle de classe ou quand vous remettez un extrait de naissance à un enfant qui sans cela se savait condamné.

Léa : L'engagement de mon grand-père pour AGBO a changé ma vision et mon sens du partage. En voyageant avec lui, j'ai pu découvrir différentes cultures et populations, et prendre conscience de ma chance de pouvoir vivre ça. Je pense que sans tous ces voyages, je n'aurais sûrement pas choisi de faire un métier dans le domaine médical, tourné vers l'autre. Je ne me vois pas faire une carrière sans interactions sociales ni partage. Peut-être que, plus tard, j'œuvrerai en tant qu'infirmière dans des associations.

Daniel : Si j'ai un conseil à donner aux jeunes qui veulent s'engager, c'est de commencer par œuvrer pour des missions locales comme des maraudes et à faire des dons, ce qui leur permettra de découvrir le monde associatif sans devoir donner trop de temps.

Mon but avec Léa aujourd'hui est de faire connaître sur les nouveaux médias la cause méconnue des enfants fantômes pour pouvoir collecter de petits dons, notamment auprès des jeunes et de leurs parents. Nous pourrons ainsi donner une identité et un avenir à un maximum d'enfants.

dfradin5

abrasgrandsouverts@gmail.com

Un autre mode de vie

Un voyage solidaire n'est pas fait pour faire du tourisme. L'idée, c'est vraiment de participer au quotidien des personnes qui t'accueillent. On est pleinement intégré à la communauté.

Notre quotidien au Togo

Les enfants et les adolescents étaient en vacances scolaires, donc nous passions beaucoup de temps avec eux. Le matin, on leur organisait des activités, par exemple des cours de sport (grâce à mon amie Clarisse, qui est super sportive !) et même des Jeux olympiques. C'était très drôle, tout le monde adorait ça.

On aidait ensuite à la préparation du déjeuner et, après avoir mangé, chaque bénévole allait voir une famille différente. On participait alors aux tâches du quotidien : ce pouvait être du ménage, de la cuisine, du repassage… C'était aussi et surtout un moment d'échange et de transmission : c'est une des femmes du village qui m'a appris à coudre !

Il nous arrivait aussi, l'après-midi, de partir en ville acheter des choses dont les habitants du village avaient besoin : des moustiquaires, une casserole pour telle famille et des couverts pour telle autre, des crampons pour un petit garçon qui avait cassé les siens et ne vivait que pour le foot… L'idée, c'était de faciliter le quotidien des villageois qui nous accueillaient tout en faisant fonctionner l'économie locale. Comme beaucoup de femmes du village étaient couturières, mais avaient peu de clients, on allait aussi acheter du tissu et on leur commandait des robes ou des tee-shirts.

En fin de journée, c'était l'heure du soutien scolaire. Même si les enfants étaient en vacances, ils avaient pas mal de devoirs, alors on prenait chaque jour un petit temps pour les aider et les faire réviser.

Après avoir cuisiné et mangé, le soir, on traînait avec les ados du village. On échangeait sur un tas de sujets, on chantait, on dansait. Ils écoutaient des chanteurs et rappeurs francophones et adoraient Dadju et Aya Nakamura, mais ne connaissaient pas Beyoncé et Rihanna, alors forcément, je les ai initiés à Queen B et Queen Riri. Ils sont fans d'elles maintenant, logique, non ?

Lors d'un voyage solidaire, on vit comme les locaux, ce qui peut impliquer quelques petites surprises… qui créent des souvenirs éternels.

Oublier le confort du quotidien

Quand mes amies et moi sommes arrivées dans le village, on nous a montré l'endroit où nous allions dormir. C'était une sorte de cabane avec quelques nattes posées au sol. Je m'endors n'importe où alors ça m'allait très bien, j'avais plutôt peur des moustiques et de la chaleur : il faisait 30 degrés ressentis 40 !

En bonne créatrice de contenu, j'ai demandé où je pouvais charger mon téléphone. On m'a expliqué que, au village, il n'y a pas d'électricité. En soi, c'est une bonne manière de couper son portable et de se concentrer sur le moment présent. On avait des batteries externes et un point de charge à quelques kilomètres du village.

Autre changement dans nos habitudes de vie : la douche ! On était en extérieur, les pieds dans la boue avec une sorte de bambou qui faisait office de porte, et un seau d'eau froide pour se laver (au moins, ça rafraîchit). Je me rappelle un soir où on est allées se doucher vers 20 heures, mes amies et moi, il faisait nuit noire donc on avait nos lampes frontales. Il y avait des bêtes partout, je flippais, alors j'ai essayé de monter sur les épaules de ma pote. Et là… j'ai glissé dans la boue ! Ça a été un fou rire sans fin. La douche, ça nous sortait vraiment de notre zone de confort.

Pour ce qui est de l'eau potable, on avait des sachets d'eau, mais les enfants du village, eux, buvaient souvent l'eau du puits. Leur système immunitaire y est plus habitué et ils supportent mieux l'eau non filtrée que les Européens, mais cette eau peut tout de même être source de maladie. L'accès à l'eau potable est un des principaux défis du Togo pour les prochaines années.

Ça remet les idées en place, ça oblige à prendre du recul sur sa propre vie et ce dont on se plaint parfois.

Ouvrir les yeux et les oreilles

Notre quotidien pendant ce voyage s'est donc calqué sur celui des habitants et j'ai appris beaucoup de choses pendant ces deux semaines. La première, c'est la patience ! Je suis une fille qui fait tout rapidement. Je mange en deux minutes, toute ma journée est chronométrée par les rendez-vous. Alors, en arrivant, j'étais vraiment la petite Parisienne : « Bon, on fait quoi là ? Qu'est-ce qui est organisé pour aujourd'hui ? »

Alors, on me répondait : « Vous avez l'heure, nous, on a le temps. » J'ai failli me faire tatouer cette phrase tant je l'aime.

Mon rapport au temps

En tant que Française, mais aussi et surtout en tant que créatrice de contenu, j'ai l'habitude d'avoir des journées très chargées, avec un rendez-vous toutes les heures, un stress constant pour être ponctuelle, une pression pour des choses futiles.

De par mon travail, je voyage aussi tout le temps. En 2023, il y a eu une période où je ne faisais que bouger pour des marques et des événements : j'étais à Séoul, puis au Brésil, puis à New York, puis à Londres, puis dans le sud de la France, puis de nouveau à Séoul… Je faisais le tour du monde, mais sans jamais profiter du moment présent. Quand je suis rentrée du Brésil, j'étais incapable de dire ce que j'y avais fait. Je n'avais même pas encore assimilé mon dernier voyage que je devais repartir. Quelques jours plus tard, dans un avion, une hôtesse de l'air est venue me voir : « Bonjour madame, est-ce que vous voulez quelque chose ? ». Je me réveillais d'une sieste, donc je lui ai demandé : « On est déjà arrivés à Paris ? » L'hôtesse était très surprise… car la destination était Séoul. Je ne savais même plus où j'allais ni pour quoi faire. Mon cerveau buggait totalement. J'avais la chance inouïe de faire des voyages incroyables, de découvrir le monde, mais mon rythme de vie faisait que je n'étais pas ancrée dans le moment présent, dans les lieux où j'étais, au point de ne plus pouvoir créer de souvenirs. Je ne m'imprégnais plus ni des paysages ni des rencontres. J'étais quelque part physiquement, mais pas mentalement.

Quand le rythme a fini par se calmer, je me suis rappelé mon voyage au Togo. C'était tellement différent, au lieu de rester deux ou trois jours dans un pays, j'étais restée deux semaines dans un seul village, avec les mêmes personnes. J'ai eu envie de retrouver le calme et l'épanouissement que j'avais connus là-bas.

Au village, j'ai appris à ralentir et à être patiente. On faisait ce qu'on voulait de notre temps, il n'y avait pas de pression. Si on avait rendez-vous à 18 heures et qu'on arrivait à 20 heures, il n'y avait pas de souci. (C'est un rêve que ce soit la même chose à Paris, plus personne ne m'en voudrait pour mes retards !)

J'ai également appris à écouter davantage. Déjà, parce que j'étais déconnectée, nous n'avions pas suffisamment de réseau ni d'électricité pour passer nos journées sur notre téléphone portable. Et au-delà de ça, ceux qui ont des téléphones dans le village sont rares et les équipes nous avaient donc recommandé de ne pas utiliser les nôtres devant les enfants pour ne pas créer du désir de leur côté. Vous voyez vos petits neveux qui vous harcèlent pour jouer sur votre portable ? Là, c'était pareil, sauf qu'ils étaient des dizaines. Ça m'a fait beaucoup de bien, car, comme beaucoup de gens, j'ai une vraie addiction au téléphone, un besoin constant de vérifier mes appels, mes messages, de scroller, d'avoir ma dose de dopamine. Là, c'était une détox forcée et bienvenue.

J'ai vraiment eu l'impression d'apprendre à profiter du temps. Les journées étaient longues et on les passait à participer aux

Grâce à notre génie scientifique et technologique, nous avons fait de ce monde un quartier. Et maintenant, par notre engagement moral et éthique, nous devons en faire une fraternité. Nous devons tous apprendre à vivre ensemble en tant que frères, sinon nous périrons ensemble en tant qu'idiots.

Martin Luther King

tâches du quotidien, à se balader, à observer notre environnement, à se parler, à s'écouter. Et c'est comme ça qu'on apprend sur le monde, sur l'autre et sur soi-même. Les enfants et les jeunes que j'ai rencontrés au Togo étaient vifs, intelligents et d'une curiosité insatiable. Parfois, je jouais la maîtresse d'école, je répondais à toutes leurs questions sur l'Europe, l'Histoire ou autres, mais surtout, j'essayais de les écouter, eux. Avec tous les échanges que nous avons eus, nous avons chacun appris des choses, mais sur des sujets différents.

Un souvenir gravé dans la peau

En journée, on jouait beaucoup avec les enfants, qui appellent les femmes « tata ». C'est une marque de respect. Quand je suis arrivée au Togo, les enfants m'ont tout de suite appelé Tata Paola. Je trouvais ça touchant. Un jour, l'un des enfants du village, Jojo, a voulu apprendre à écrire « Tata Paola ». C'est d'ailleurs avec son mot écrit sur un bout de papier que je suis allée chez un tatoueur pour que le Togo soit marqué sur moi.

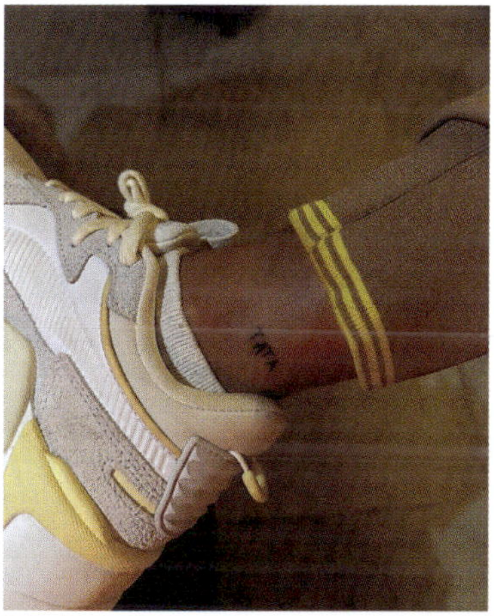

Pendant la période scolaire, tout est différent. Le rythme est très dur : les enfants et ados se réveillent à 5 heures du matin pour aller à l'école qui est à 2 heures de marche. Il faut arriver à 7 heures pile, sinon ils doivent rentrer chez eux. Au retour, ils marchent sous une chaleur de plomb. Et quand ils rentrent, ils aident leur mère pour les tâches ménagères, s'occupent de leurs frères et sœurs, ou aident à la culture dans les champs. Après tout ça, ils doivent faire leurs devoirs. Ce sont vraiment de très longues journées.

J'ai pris conscience pendant ce voyage qu'en France et dans les autres pays du Nord, on a énormément de chance : bien sûr, d'avoir accès à la culture, à l'éducation, à l'eau qui coule du robinet… mais aussi et surtout d'avoir le choix. Le choix de suivre des études ou pas, le choix de vivre dans un pays ou un autre, le choix de son métier et de ses loisirs…

En parallèle, eux ont la chance de vivre dans un monde beaucoup moins individualiste que le nôtre. Le village, c'est une même et grande famille, où tout le monde se connaît et s'entraide. Il y a une réelle notion de partage et de solidarité.

En partant en voyage solidaire, on s'ouvre à d'autres réalités qui ne sont ni mieux ni moins bien mais simplement différentes. Je pense que je serais incapable de vivre toute ma vie au Togo, dans ce village, comme je pense que certains Togolais que j'ai rencontrés seraient malheureux de vivre à Paris avec son rythme effréné, sa pollution, sa foule. Le plus important, c'est de prendre le temps d'observer, de comprendre, d'apprendre sans juger. C'est comme ça qu'on s'ouvre au monde et qu'on développe une autre perception de la vie, une conscience de la diversité des réalités de chacun, de ce qui est futile et de ce qui compte vraiment.

Ce n'étaient que deux semaines, mais c'était une expérience tellement forte et loin de mon quotidien que j'ai beaucoup grandi.

Quitter ce village togolais a été un moment très dur pour mes amies et moi. En très peu de temps, j'ai créé des liens très forts avec les habitants qui étaient devenus une sorte de famille. Quand je suis partie, j'ai eu l'impression de les abandonner. Parce qu'en plus, quand on les laisse, on ne sait pas si on va revenir ou quand. On sait aussi que, à la prochaine visite, les enfants auront grandi, certains seront partis. Je ne m'attendais pas à ce que mon départ soit aussi difficile émotionnellement.

« Là où le cœur est, les pieds n'hésitent pas à y aller. »

Proverbe togolais

PORTRAIT DE JEUNES ENGAGÉS

Juliette : J'ai 23 ans et je travaille actuellement[19] au Comité d'organisation des Jeux olympiques et paralympiques de Paris 2024 en tant que responsable adjointe logistique d'un des sites. Je suis également volleyeuse semi-professionnelle et une grande passionnée de voyage.

Maxence : J'ai 24 ans et je travaille dans une entreprise qui produit les images de la Coupe du monde de football. Je fais du basketball et j'ai été entraîneur dans mon club. Le monde associatif a toujours fait partie de ma vie, car mes parents se sont rencontrés à la Croix-Rouge en tant que bénévoles. J'ai été bercé par des histoires d'interventions en tout genre où ils devaient gérer des situations difficiles et sauver des personnes entre la vie et la mort. Ils ne m'ont jamais poussé à m'engager, mais ça s'est fait naturellement avec le basketball : le sport est un monde régi par l'associatif. On ne sauve pas des vies, mais on peut avoir un grand impact !

Juliette : Nous nous sommes rencontrés en études supérieures, Maxence, Eliot[20] et moi, et avons tout de suite connecté à partir de ces deux dimensions : le sport et la volonté d'être utile. Au sein du Bureau des étudiants (BDE), nous avons notamment organisé plusieurs événements sportifs pour récolter des fonds, par exemple pour Octobre Rose (sensibilisation des femmes au dépistage de cancer du sein et récolte de fonds pour la recherche) ou Movember (même chose pour le cancer de la prostate).

Nous avons également monté de toutes pièces un projet de solidarité internationale de trois semaines au Togo, en 2022. Ce

Ju
M

19. Ce témoignage a été écrit avant les Jeux.

20. Voir témoignage page 198.

projet est né de la conviction commune et sincère que le sport est un moyen d'éducation, de formation et d'inclusion sociale, et de l'envie profonde de découvrir, de partager et d'échanger avec d'autres cultures. Nous avons pris contact avec une ONG locale, proche du village où nous partions : l'Association des volontaires pour l'environnement sain (AVES), qui contribue à la sauvegarde de la biodiversité et à la restauration forestière au Togo. Nous avons beaucoup échangé avec Selom, le président de l'association, sur les besoins réels du village. Il était primordial pour nous de répondre à un besoin, et la construction de terrains de sport était une demande que nous avons affinée au fur et à mesure du projet.

Nous avons obtenu des financements grâce au fonds de solidarité et de développement pour les initiatives étudiantes, à des événements festifs organisés par le BDE et à des partenaires privés, mais aussi en démarchant nos villes respectives. En effet, de nombreuses villes proposent des aides pour ce type d'initiative : soutien financier direct, impression des guides pédagogiques, constitution de la trousse à pharmacie… Nous avons également contacté l'ambassade du Togo qui nous a permis d'obtenir la gratuité de nos visas.

Maxence : Une fois sur place, nous avons construit un terrain de basket et un terrain de volleyball, et installé des cages de football. Pour les paniers de basket, les poteaux de volley et les cages de foot, nous avons travaillé avec un artisan soudeur local. La construction du terrain de basket en béton s'est faite avec l'aide des habitants de la ville lors de jours réservés aux travaux communautaires. Nous avions apporté des outils de mesure de France, mais nous avons travaillé avec les pelles, pioches et brouettes du village. Pour ce qui est du matériel sportif (ballons, filets…), nous l'avons récolté en France faute de garanties d'en trouver sur place.

iette et
axence

Une fois les terrains construits, nous avons réalisé des jeux sportifs avec des élèves de primaire et initié des collégiens au volley, au basket, à l'ultimate et à l'athlétisme. Notre objectif était que ces pratiques sportives s'inscrivent dans la durée : nous avions donc préparé des guides pédagogiques qui ont été distribués pour aider à l'enseignement, et organisé des réunions avec les représentants du village sur la mise à disposition des terrains et du matériel.

Dans une logique de pérennisation, nous avons également veillé à ce que d'autres membres du BDE se rendent sur place en 2023 afin de donner les derniers outils pour permettre au village d'être autonome sur les pratiques sportives et notamment l'enseignement aux plus jeunes.

Juliette : Nous débordons d'idées aujourd'hui pour allier notre passion qu'est le sport avec notre volonté d'aider. De manière générale, sport et solidarité rythment notre quotidien et lient aussi notre amitié. Le temps que nous avions en tant qu'étudiants était précieux pour mener ces actions. C'est plus compliqué maintenant que nous travaillons, mais je pense, une fois les Jeux olympiques et paralympiques passés, retourner travailler dans l'événementiel sportif solidaire. Lors de mon stage de fin d'études, j'avais aidé à l'organisation d'événements sportifs pour Action contre la faim, Oxfam et bien d'autres associations, et avais adoré cette expérience. J'aimerais que l'engagement fasse à nouveau partie de mon quotidien professionnel.

Maxence : Mon travail m'offre l'opportunité de prendre un après-midi par mois pour le consacrer à une association ou une action caritative. Dans un futur proche, je voudrais m'engager au sein de la Croix-Rouge française. Ce serait un moyen d'acquérir des compétences que j'ai toujours voulu avoir en matière de secourisme d'intervention et de répondre à une motivation qui est d'intervenir auprès de personnes qui en ont besoin, voire dans l'urgence, pour sauver des vies. Ce serait un vrai accomplissement.

S'organiser pour participer à un voyage solidaire

La première chose à savoir, c'est que tu dois payer le voyage pour te rendre à destination, les vaccins obligatoires (s'il y en a) et le visa. Il faut donc que tu anticipes ces dépenses.

Pour donner un ordre d'idées, j'ai payé le billet d'avion environ 1 000 euros pour le Togo, et des frais d'environ 300 euros pour l'inscription et le quotidien sur place : logement, nourriture…

Je préfère ne pas partager le nom de l'association avec qui je suis partie, car même si ça a été une expérience fantastique pour moi, j'ai eu des retours plus négatifs de personnes qui sont parties récemment.

N'hésite pas à explorer le site de France Volontaires accessible via le QR code. En cliquant sur un pays, tu verras quels sont les partenaires locaux de la plateforme française de volontariat. Ces associations sont signataires de la Charte des volontariats et proposent des engagements qualitatifs.

Attention aux arnaques

Tu dois vraiment prendre le temps de bien te renseigner sur l'association avec laquelle tu vas partir, car il y a malheureusement beaucoup d'arnaques. Pour ça, voici une liste de points d'attention :

- Vérifie qu'il s'agit d'une association et non d'une entreprise (tu regardes les statuts qui sont généralement disponibles dans Qui sommes-nous, sur le site Internet).
- Assure-toi que c'est une association française ou une association étrangère en relation avec une association française. (Si c'est une association étrangère, mais que tu connais quelqu'un qui est parti avec et qui a apprécié l'expérience, c'est bien sûr OK !)
- Contacte la structure pour poser toutes tes questions : renseigne-toi sur la mission, les compétences à avoir, les bienfaits de la mission pour la population ou l'environnement, la relation de l'association avec les habitants…
- Discute avec des personnes qui sont passées par l'association pour faire un voyage solidaire. Ce sont eux qui seront le plus objectifs pour te dire si les choses étaient bien organisées, sécurisées, axées sur la population sur place… Moi, j'ai envoyé des DMs à plein de bénévoles : j'ai trouvé leur profil grâce aux identifications sur le compte de l'association.
- Pas de sommes excessives : partir en voyage solidaire va te coûter de l'argent. Toutefois, si l'organisme te demande plus de 1 000 euros (hors billet d'avion) pour partir, c'est certainement une entreprise lucrative (et pas une association).
- « Volontourisme » n'est pas volontariat. Le volontourisme peut sembler très proche d'un voyage solidaire, mais le programme mêle visites touristiques et mission « humanitaire ».

La deuxième chose à prévoir, c'est d'anticiper ton séjour. Mieux vaut t'y prendre entre six mois et un an avant, si tu veux avoir le temps de te renseigner correctement et ensuite de préparer l'administratif (notamment le visa).

Mon troisième conseil, c'est de prendre un maximum d'informations sur le pays où tu vas te rendre. C'est important à la fois d'en connaître l'histoire (dans les grandes lignes), la situation politique, mais aussi la saison pendant laquelle tu t'y rends (pour prendre des tenues adaptées)… Il n'y a pas de questions bêtes !

Mon dernier conseil, une fois que tu es là-bas, profite ! Profite de chaque moment de partage, de chaque sourire, de chaque « aventure »… Encore une fois, tu vivras une expérience unique.

Que peut-on offrir aux populations locales ?

Beaucoup de personnes font des dons d'objets pour laisser quelque chose qui servira après leur départ, mais, il faut que ce soit pertinent pour les populations.

On pourrait penser que c'est une bonne idée d'apporter des vêtements, mais dans le village où j'étais, par exemple, ce n'était absolument pas un besoin ! Beaucoup de femmes étaient couturières et elles avaient plutôt besoin de tissu, donc on est allées dans un marché pour acheter ce dont elles avaient envie et contribuer à l'économie locale.

Ce qu'on peut faire aussi, c'est offrir des choses dont l'accès est difficile dans le pays où on va. Quand je suis partie au Sénégal avec ma famille, on a distribué… des préservatifs ! L'idéal, c'est d'acheter sur place (dans les grandes villes par exemple, pour ensuite aller distribuer dans les campagnes), à nouveau pour contribuer à l'économie du pays.

PORTRAIT DE JEUNE ENGAGÉ

J'ai 25 ans et j'ai suivi des études de management du sport. La pratique sportive a toujours été pour moi une échappatoire, un refuge. C'est une manière pour moi de me surpasser, entraînement après entraînement, et de m'estimer, d'une certaine manière. Je suis passionné de rugby, à la fois joueur et entraîneur, mais le sport que j'ai le plus pratiqué dernièrement est le vélo.

De novembre 2023 à juin 2024, j'ai réalisé un voyage à vélo depuis le Vietnam jusqu'en France au profit de l'association Amour Amour Amour. Ce projet s'appelle « On rentre à vélo ».

J'en ai eu l'idée lors d'une conversation avec un ami, alors que nous listions toutes les possibilités de traverser la planète sans prendre l'avion : bateau à voile, stop, train, marche… et vélo. À ce moment-là, je dois dire que j'ai eu une sorte de révélation et cette idée ne m'a plus quitté pendant des semaines entières. C'était tout d'abord un projet purement sportif.

Peu de temps après, je suis parti rejoindre mes deux amis Juliette et Maxence[21] pour un voyage à travers l'Équateur, le Pérou et la Bolivie. Juliette avait un sac rempli de goodies en lien avec une association qui m'était jusque-là inconnue : Amour, Amour, Amour (AAA). Elle nous a offert des casquettes et des tee-shirts en nous demandant de prendre des photos avec durant notre voyage.

Au fil du séjour et des mises en scène, j'en ai appris davantage sur le pourquoi de l'association. Juliette, alors ambassadrice de AAA, m'a expliqué qu'une de ses proches l'avait créée à la suite du décès de son meilleur ami, Julien Gusman, des suites d'un cancer du cerveau. Il n'avait que 26 ans. Ses proches le décrivent comme quelqu'un qui croquait la vie à pleines dents, un amoureux du voyage et un ami fidèle.

21. Voir témoignage page 192.

Depuis 2020, Amour Amour Amour soutient l'Institut du Cerveau dans la lutte contre le cancer en récoltant des fonds lors de rassemblements sportifs ou culturels à visée caritative. L'ADN de l'association et ses valeurs me parlaient énormément : amour, bien sûr, partage, dévouement, rencontre… Je me suis dit que je pourrais associer mon projet sportif à ce projet associatif : j'allais porter les couleurs de Amour Amour Amour lors de ma traversée entre le Vietnam et la France. J'allais pédaler pour collecter des fonds en soutien à la lutte contre le cancer du cerveau !

Tous les dons sont entièrement reversés à l'association, car je suis parti grâce à mes propres moyens financiers et à la Fédération française de cyclotourisme, en tant que lauréat 2024 de la Bourse du jeune voyageur international à vélo. Cette bourse finance chaque année un projet qui conjugue voyage à vélo, engagement sociétal et protection de l'environnement.

J'ai voyagé pendant huit mois en tant qu'ambassadeur de l'association. J'ai parcouru plus de 17 000 kilomètres et traversé le Vietnam, le Cambodge, la Thaïlande, l'Inde, le Népal, Oman, les Émirats arabes unis, le Qatar, la Jordanie, l'Arabie saoudite, l'Égypte, Chypre, la Turquie, la Grèce, la Macédoine, la Bulgarie, le Kosovo, l'Albanie, le Monténégro, la Bosnie, la Croatie, la Slovénie, l'Italie, la Suisse et la France. Mon tee-shirt Amour Amour Amour suscitait des questions lors de chaque rencontre faite sur la route : « Ça veut dire quoi "amour" ? D'où viens-tu ? Où vas-tu ? » C'était pour moi l'occasion de parler de l'association, de sensibiliser à la lutte contre le cancer du cerveau et d'essayer de récolter des dons.

On rentre à vélo

J'espère, avec ce projet, avoir planté une graine dans la tête de certaines personnes, qui peut-être, un jour, germera à son tour, donnant l'envie de s'engager pour son prochain.

Amour Amour Amour

D'autres idées pour partir à l'étranger

Je t'ai surtout parlé du voyage solidaire, car c'est ce que je connais, mais il y a d'autres façons de s'engager en partant à l'étranger, qui relèvent du volontariat, c'est-à-dire un engagement à temps plein.

Les chantiers internationaux

L'objectif d'un chantier[22] est de réunir des bénévoles pendant 2 à 4 semaines pour réaliser un projet utile. Contrairement à ce que son nom peut laisser penser, il ne s'agit pas uniquement de projets de construction, ça peut également être des actions artistiques, éducatives et culturelles. Un chantier se déroule en France ou à l'étranger et le groupe de bénévoles est composé de nationalités variées.

Comme pour le voyage solidaire, il faut prévoir des frais pour le déplacement, les papiers éventuels et parfois pour l'organisation sur place.

22. Voir ressources page 209.

Le Corps européen de solidarité (CES)

Le Corps européen de solidarité (CES) te permet de partir en volontariat en France ou dans un pays étranger. Tu participes à des actions de solidarité concernant notamment la lutte contre les exclusions, l'éducation et la formation, la citoyenneté, l'accueil des réfugiés et migrants, la protection de la nature, l'aide aux personnes en situation de handicap, la santé, la culture, le sport, les technologies numériques.

Pour devenir volontaire, il faut que tu aies au moins 18 ans et moins de 30 ans et être originaire d'un pays de l'Union européenne.

Le voyage aller-retour, le logement et la restauration sont pris en charge, tu bénéficies également d'une couverture d'assurance et tu reçois une indemnité journalière (entre 3 et 6 euros).

La mission est en temps plein pendant 2 mois à 1 an. Pendant le CES, tu profites d'un soutien linguistique et d'un tutorat et tu acquiers des compétences qui te seront très utiles dans ta vie professionnelle.

Qu'il s'agisse d'un voyage solidaire ou de volontariat, ton engagement peut te faire voyager à l'autre bout du monde et rencontrer des inconnus que tu n'aurais jamais croisés. Je te souhaite de vivre une expérience comme la mienne, en gardant pour priorité le bien-être des habitants qui t'accueillent. Le véritable objectif d'un voyage solidaire est la rencontre entre les cultures, dans le respect des traditions et le soutien de la vie locale.

Conclusion

J'ai écrit ce livre pour montrer toutes les opportunités et tous les défis qu'englobe le mot « engagement ». Je souhaitais prouver qu'on peut tous et toutes rendre le monde meilleur, même à notre petite échelle.

L'engagement, ce peut être distribuer des repas chauds à des sans-abri ou collecter de l'argent pour financer l'éducation d'enfants à l'autre bout du monde. Ce peut aussi être convaincre une amie d'aller voir un psychologue, s'occuper de son petit frère pour décharger ses parents, acheter de la seconde main, donner son sang, sourire à des inconnus. Prendre soin de personnes vulnérables, de ses proches et de soi-même.

M'engager m'a profondément changée. Je vis beaucoup plus l'instant présent. Je relativise certains de mes problèmes. Je gère mieux mes émotions. Et ça m'a rendue fière de moi, alors que je ne suis jamais fière de moi.

Surtout, je me sens utile. C'est le meilleur sentiment qui soit : se sentir utile, chaque jour, avec de grandes ou de petites actions.

Si, après cette lecture, tu ressens le besoin de t'engager ou que des choses t'ont touché·e, que des anecdotes ont fait écho à ton vécu, que tu as ce besoin de te sentir utile, alors vas-y, n'hésite pas. Il n'y a pas de bon ou de mauvais moment.

En choisissant de nous engager, nous, les jeunes, nous construisons un avenir plus juste et inclusif, où chacun se sent respecté, où chaque voix est entendue, où chaque geste compte. Nous avons le pouvoir de faire la différence.

J'entends souvent qu'il faut du courage pour s'engager. En réalité, ce sont les actions engagées qui vont petit à petit t'apporter du courage : le courage d'aller au bout de tes convictions, le courage d'aller vers les autres, le courage d'être toi-même.

N'attends pas d'avoir du courage pour t'engager. Engage-toi pour avoir du courage.

Le monde a besoin de nous.

Paola

Remercie-ments

Je remercie toutes les personnes qui ont contribué à ce livre en répondant à mes demandes d'interview : Marie Rose Moro, Newin Bokhari, Diariata N'Diaye, Assa Traoré et Léa Moukanas.

Je remercie également celles et ceux qui ont répondu à mes appels à témoignages sur Instragram, et plus particulièrement Célia, Elisa, Jihene, Léa, Daniel, Juliette, Maxence et Eliot, dont vous avez pu découvrir les formidables expériences tout au long du livre.

Merci à ma maman, Aline, à ma sœur, Mélissa, à mon père, Patrice, et à mon petit frère, Gabriel, d'être les meilleurs soutiens au quotidien et de m'avoir appris la valeur du partage.

Merci à mes meilleures amies Sirine, Léa, Elisa and co. Vous êtes la famille que j'ai choisie. Big up à Zozo et Clarisse avec qui j'ai fait mon tout premier voyage solidaire.

Merci à ma dream team : Jules Ryma, Odile, Deb, Léa, Anya et Ambre. Merci à mon agence Follow avec qui je travaille depuis des années et avec qui je continue à faire des projets fous. Merci Ruben, Rubben, Sam et Nathan.

Merci Marabout pour la confiance, merci à Carole et à Clara qui m'ont aidée à écrire ce livre. Merci à tous ceux qui y ont contribué de près ou de loin.

Merci à vous pour votre amour depuis des années et pour votre (futur) engagement. Vous contribuez à un monde meilleur grâce à votre cœur engagé.

Ressources utiles

T'informer sur l'engagement

Je veux aider

C'est le site du gouvernement qui te donne un maximum d'informations si tu souhaites t'engager. Tu es guidé·e pas à pas pour trouver les associations et les missions qui te conviennent. L'outil de recherche de missions est très bien fait : tu peux chercher par lieu et par type d'activité bien sûr, mais aussi selon le temps que tu peux accorder à la mission, selon si tu es mineur·e ou non...

Jeune et bénévole

Ce site est une mine d'informations sur tous les types d'engagement. Tu y trouveras aussi des témoignages de bénévoles, d'associations, et des propositions de missions en fonction de tes critères de recherche.

Trouver une association

Tous Bénévoles

Ce portail Tous Bénévoles recense des missions de bénévolat dans des catégories très variées : accompagnement scolaire, maraude, aide à l'insertion, gestion administrative, visites à domicile, aide au déplacement, secourisme… Tu peux chercher des missions longues ou courtes, des associations en fonction de ta ville, du public et des missions.

Benevolt

Benevolt facilite la rencontre des bénévoles et des associations en proposant un outil de recherche par type d'activités et par ville.

France Bénévolat

Ce site t'aide également à trouver les associations susceptibles de t'intéresser en fonction de tes compétences et centres d'intérêt. Les compétences mobilisées lors des missions peuvent être valorisées dans le cadre d'une recherche d'emploi grâce au Passeport Bénévole® !

Benenova

Benenova permet à chacun d'agir grâce à des formats d'engagement souples : sans minimum d'engagement ou de compétence particulière, selon ses disponibilités, auprès d'acteurs de la solidarité locale.

Diffuz

Cette plateforme a été créée par la Macif. Elle est idéale si tu recherches des missions courtes, mais concrètes, sur le terrain ou chez soi..

Le bénévolat de compétences

Passerelles et Compétences

Passerelles et Compétences développe le bénévolat de compétences, c'est-à-dire la mise à disposition de ses compétences professionnelles (administratif, marketing, comptabilité…) au service d'une cause.

Pro Bono Lab

Cet organisme diffuse la culture du bénévolat/mécénat de compétences. Sur le site, tu découvriras plusieurs missions et les compétences requises (communication, recherche de partenariats...).

Le volontariat

Service civique

Ce site du gouvernement te permet de trouver une mission de service civique de 6 à 12 mois dans différents domaines d'action : solidarité, santé, sport, environnement....

Corps européen de solidarité

Le Corps européen de solidarité te permet de te porter volontaire dans le cadre de projets organisés par des organisations à but non lucratif en dehors de la France. Il peut aussi t'apporter un soutien si tu veux initier des actions d'entraide.

France Volontaires

La plateforme française du volontariat international d'échange et de solidarité. Elle t'aide à trouver la mission de volontariat (service civique, chantier, projet de solidarité...) qui te correspond et à comprendre les démarches.

Concordia

Cette association favorise les échanges interculturels et intergénérationnels à travers différentes formes de volontariats (chantiers internationaux, volontariats, Corps européen de solidarité [CES], projets de service civique).

Cotravaux

Ce réseau regroupe des associations nationales et régionales qui proposent de nombreuses offres de chantiers ou volontariats à l'international et en France.

PAPIER À BASE DE
FIBRES CERTIFIÉES

Achevé d'imprimer par Pollina pour le compte
des Éditions Marabout (Hachette Livre)
58, rue Jean Bleuzen, 92178 Vanves Cedex

Dépôt légal : octobre 2024

ISBN : 978-2-501-18036-8

8450818